나는 마침내 진리의 금광을 발견했다

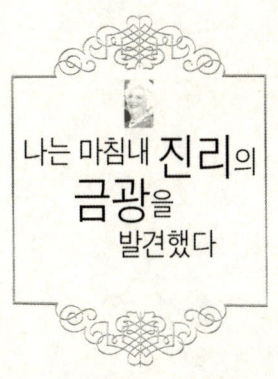

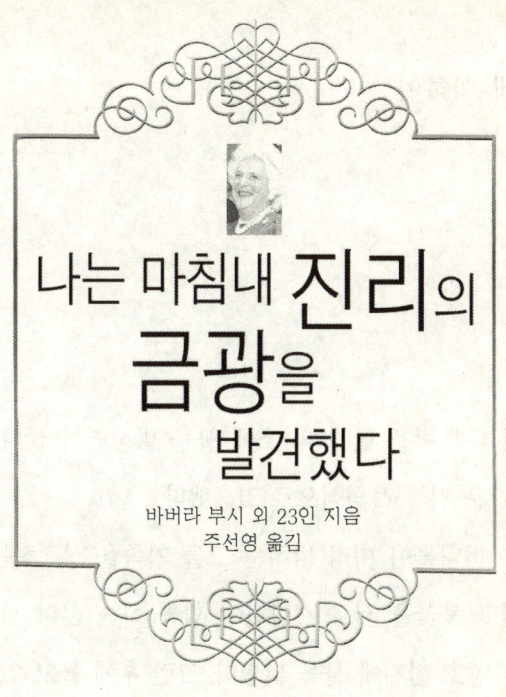

나는 마침내 진리의 금광을 발견했다

바바라 부시 외 23인 지음
주선영 옮김

오늘

이 책에 대하여

엘리스와 패트릭은 한 개의 초에 불을 밝히면서 끝나는 전통적이며 아름다운 기독교 의식으로 결혼했다.

양가의 어머니들이 미리 밝혀둔 그들 가족을 상징하는 초를 각자 손에 쥐고 불꽃을 서로 결합하여, 함께 하는 삶의 시작을 알리는 한 개의 양초 심지에 불을 밝혔다. 그런 후에 들고 있던 각자의 촛불을 불어서 껐다.

결혼 피로연 중간에 신부 아버지가 손님들에게 마이크 앞에 모여 이제 새 출발하는 부부에게 하고 싶은 충고와 기억에 남는 이야기, 재미있는 이야기나 의견들을 말해 달라고 부탁했다.

그는 손님들에게 말이 끝나면 신부와 신랑을 위해 축복의 기도도 해달라고도 부탁했다. 내가 참석했던 결혼식은 수없이 많았지만 이 결혼식은 새로운 가정을 이루는 부부에게 아주 신선하고 고무적인 출발이 되는 것 같았다.

신부와 신랑은 주의 깊게 모든 말을 들었다. 어떤 말은 유머러스했고 어떤 말은 심각했으나 모두 매우 의미있는 말들이었다. 그리고 사람들이 차례로 그들을 위해 하나님의 은총을 빌었을 때, 성경적인 결혼의 출발을 조금 알거나 전혀 모르는 많은 사람들에게는 그같은 경험이 아주 특이하고 기이하기까지 보일 수도 있겠다고 나는 생각하기 시작했다.

그런 경험은 문제를 성경적인 관점에서 접근하는 사람들에게조차도 이상하거나 불가사의하게 보일 수 있었다. "성경에 가라사대…"는 우리의 '문명화된' 시대에서는 어울리지 않을 수도 있다. 그러나 우리가 살고 있는 시대가 어떤가 보라!

나는 최근에 마태복음 5장에 기록된 예수님의 산상수훈의 일부인 8복의 가르침을 읽다가 그런 사실을 더욱더 인식하게 되었다.

"심령이 가난한 자는 복이 있나니 천국이 저희 것임이요. 애통한 자는 복이 있나니 저희가 위로를 받을 것임이요. 온유한 자는 복이 있나니 저희가 땅을 기업으로 받을 것임이요 의에 주리고 목마른 자는 복이 있나니 저희가 배부를 것임이요 긍휼히 여기는 자는 복이 있나니 저희가 긍휼히 여김을 받을 것임이요 마음이 청결한 자는 복이 있나니 저희가 하나님을 볼 것임이요 화평케 하는 자는 복이 있나니 저희가 하나님의 아들이라 일컬음을 받을 것임이요 의를 위하여 핍박을 받은 자는 복이 있나니 천국이 저희 것임이라."

'생활 응용 성경(the Life Application Bible)'의 각주에서는 다음과 같이 말하고 있다.

"예수님은 서로 모순되는 것처럼 보이는 말씀으로 자신의 설교를 시작하셨다. 그러나 일반적으로 하나님의 삶의 방식은 세상의 방식과는 모순된다.

만약 여러분이 하나님을 위한 삶을 살고자 한다면 언제라도 세상 사람들에게는 이상하게 보이는 말이나 행동을 기꺼이 해야만 한다. 다른 사람들이 가지려할 때 기꺼이 주어야만 하며 다른 사람들이 싫어할 때 기꺼이 사랑해야만 하며 다른 사람들이 학대할 때 기꺼이 도와야만 한다.

그렇게 할 때 언젠가 다른 사람들이 아무 것도 가진 것이 없이 끝날 때 여러분은 모든 것을 얻게 될 것이다.

여러분이 현재 들고 있는 책에는 인류에 대한 하나님의 교과서인 성경 안에서 살려고 했던 여성들의 살아 숨쉬는 실례들이 기록되어 있다.

왜 우리는 이들의 말에 귀를 기울여야만 할까? 이 경험 많은 여성들은 이루어지기 불가능한 것처럼 보이는 인간의 소원들에 대한 해답들을 찾았다.

그리고 우리 모두에게는 소원들이 있다. 사랑 받고 싶고, 안전하고 싶고, 용서받고 싶고, 자부심을 갖고 싶고, 지혜를 갖고 싶은 소원들을 갖고 있다.

이들은 어떻게 실생활 속에서 그 모두를 얻었으며 어떻게 어려운 상황들을 극복했는지 여러분과 함께 나누기를 원한다. 어떻게 성경 안에서 살며, 어떻게 하나님과 함께 걸어 갈 수 있는가에 대한 실례가 가득 담겨 있다.

나는 이들이 나의 삶을 축복해 주었던 것처럼 여러분의 삶도 축복해 줄 것이라고 믿는다.

편집인, 보네트 재커리 브라이트

차례 나는 마침내 진리의 금광을 발견했다

빛을 찾으라. 그리고 그 빛을 소유하라.

1

하나님을 삶의 중심에 놓자,
비로소 의미 있는 사람이 되었다

샐리 클링맨

초라한 내 마음에 일어난 기적

샐리 클링맨은 20년 이상 '대학십자군' 스태프의 일원이었으며 현재 워싱턴 DC에 있는 '크리스천 엠버시(Christian Embassy)' 에서 일하고 있다.

지난 12년 동안 그녀는 상원과 하원 그리고 각료 부인들에게 주간 성경연구를 지도해 왔다.

그녀는 또한 '대학십자군' 의 전국여성 조정자로 사역해 왔고 미국 내 150개 단과대학과 종합대학에서 강연해 왔으며, 아시아와 아프리카 그리고 유럽의 여러 국가에서 강연해 왔다.

그녀는 또 루이지애나주 센터네리 대학의 생물학 이학사 학위를 갖고 있으며 뉴올리언스에 있는 루이지애나 주립대 의대에서 생화학 대학원 과정을 마쳤고 그 대학의 연구원으로 일했다.

샐리는 이 글에서 '대학십자군' 의 스태프에 합류하기 위해 준비하고 있었을 때, 자신감의 결여로 인한 갈등과 '대학십자군' 본부의 화재 비상구에 앉아 있을 때 하나님이 가르쳐주신 교훈들을 이야기하고 있다.

이러한 교훈들 덕분에 그녀는 기쁨이 넘치고 충실한 하나님의 종이 되었다. 나는 여러분도 샐리와 마찬가지로 하나님에 대한 믿음이 고무되어질 것이라고 믿고 있다.

나는 살아오면서 이처럼 외로웠던 적은 결코 없었다.

에로우헤드 스프링스의 '대학십자군'의 국제본부인 '성경연구전문학교(Institute of Biblical Studies)'의 강좌에 출석하는 수강생들은 모두 1,251명이었다.

4주반의 강습기간 동안의 수강생들은 주로 대학생들과 '대학십자군'의 스태프들이었다. 나는 빨갛게 부어오른 엄지손가락처럼 눈에 띄는 존재였다. 나는 1,251명 중의 '한 사람'이었다.

나는 내 삶에서 결코 그렇게 아름다운 사람들을 본 적이 없었다. 모든 젊은 남성들은 이름난 풋볼 영웅들이나 총학생회장들처럼 보였다.

또 모든 젊은 여성들은 수석 치어리더나 매우 전도유망한 사람들처럼 보였다. 그리고 그들은 서로에게 매우 우호적이며 침착하고 자연스러웠고 신앙생활도 편안해 보였다.

그들은 배식하는 줄에 서 있을 때 조지아주에 떨어져 있는 어떤 친구를 위해 기도했고, 수업을 받기 위해 걸어갈 때는 교수님을 위해 기도했다. 그들은 예수님과 서로에 대하여 자유롭게 이야기했다. 그들에게 있어서 삶은 자연스럽고 쉬운 것처럼 보였다.

나는 내 삶의 지난 6년간을 도서관이나 화학실험실에서 보냈었다. 나는 당시 나이가 27살이었으나 유행에 민감하지 못했으며 사교성은 거의 가사 상태였다. 수강생들 중에서도 나는 막 중년이 되려는 나이였다.

나는 강습회에서 한 사람 외에는 아무도 아는 사람이 없었다. 나를 아는 유일한 사람은 당시 '대학십자군'의 인사부장이었던 니 베일리였다. 그는 나와 같은 고향 출신이었다(그에게 은총을 내리소서!). 그는 저녁식사에 나를 두세 번 데려가 주었으며 만나면 따뜻하게 말을 걸어 주었다.

나는 외롭고 비참했으며 제자리를 찾지 못한 국외자였다. 그러나 나는 하나님이 내가 그곳에 있기를 원하신다는 것을 알고 있었다. 크리스천 생활을 시작한 지 얼마 되지 않았을 때였고 하나님을 향해 나의 마음이 집중되어 있었다.

나는 그로부터 단지 2년 전인 어느 날 밤 뉴올리언스에 있는 내 아파트에서 무릎을 꿇고 예수 그리스도를 마음속으로 영접했다.

완전히 새로운 세계가 내 앞에 열렸고, 난생 처음으로 나와 하나님의 관계가 정당하다는 것을 알게 되었다. 그것은 내가 악한 행동보다 선한 행동을 더 많이 해서가 아니라 하나님과의 관계와 그 '정당함'을 위하여 내가 예수 그리스도를 믿었기 때문이라는 것을 알게 되었다. 그 확신이 너무도 확고했기 때문에 나는 내가 발견한 것들을 다른 사람들이 원하기만 한다면 그들에게 이러한 사실을 말할 수 있게 되기를 간절히 원했다. 그것이 내가 그 강습회에 참석한 동기였다.

누군가가 '대학십자군'이 내가 나의 믿음을 확인하는 데 도움이 될 거라고 말했었다. 그렇게 하는 것은 내게 있어서 아주 중요한 일이었다.

강습회에 오기 전에 어떤 사람이 내 머리카락에 약간 변화를 주면 좋을 것이라고 했다. 그래서 나는 그 충고에 따라 머리카락을 염색하여 강렬한 붉은 빛을 띠게 했다. 그때 내 머리카락은 브릴로 공장에서 일어나는 폭발처럼 보였다. 그때는 아직 그 헤어스타일이 유행되기 전이었다.

나의 27살의 피부는 초콜릿 범벅의 프렌치 프라이(감자 튀김) 파티 후의 13살짜리 피부의 소년처럼 보였다.

또한 내 옷은 아주 지독히도 초라했다. 뉴올리언스에서는 실험실의 가운으로 패션에 대한 단점들을 숨길 수 있었으나 이곳에서는 보호막인 실험용 가운이 없었으므로 그대로 드러날 수밖에 없었다.

이 모든 것이 세상에서 최악이라는 자의식에 일조를 했다.

요한복음 수업에는 약 5백 명이 출석하고 있었다. 그 수업은 내게 자극적이며 아주 흥미로운 경험이었다.

그러나 나는 너무 외롭고 비참해서 메스꺼움이 치밀 때면 눈에 뜨이지 않게 빠져나갈 수 있도록 출입문 가까운 뒷줄에 자리를 잡기 위해 일찍 강의실에 도착하곤 했다.

나는 사람들과 대화를 나누곤 했으나 대화 내내 내가 할 수 있는 것이라고는 '그들이 보는 나는 국외자일 뿐이야!' 라는 생각이었다. 그들은 아주 유쾌하고 마음이 따뜻한 사람들이었으나 내가 얼마나 많이 울고 싶어했으며 또 얼마나 편안해 보이는 그들을 부러워했는지는 알지 못할 것이다.

나의 룸메이트들이 함께 있는 방도 전혀 도움이 되지 않았다. 같은 방에 서로 다른 네 사람이 거처한다는 것은 불쾌할 지경이었다. 게다가 4층에 있는 우리의 방은 너무 더웠고(7월의 사우스 캘리포니아였다), 말하자면 화덕 같은 방이어서 나는 잠을 자기 위해 베개를 들고 미풍이나 소나기라도 쏟아지지 않을까 기대하며 화재 비상구가 있는 곳으로 곧잘 나갔다.

어느 날 밤 나는 새들이 서로 싸우는 것을 보았는데 그 때문에 나는 강습회에서 나쁜 일들이 생길 것이라고 생각하게 되었다.

우리는 하루 종일 수업을 받았고 수업 내용으로 요한복음, 신약성서 개관, 기본 교리들이 있었다. 밤마다 우리는 빌 브라이트 박사의 일련의 메시지들을 들었다. 나는 모든 것을 열심히 듣고 소화하려고 했다.

내가 고통스러운 중에도 학습 의욕에 불타는 것은 흥미로운 일이었다. 내가 하나님의 말씀에서 알게 된 지혜는 정결함이었고 매시간 나의 믿음은 확실해지고 고양되어 갔다. 그러나 그러는 내내 나는 부서지기 쉬운 감정을 안은 채 수업과 식사와 수면 사이를 오가고 있었다.

어느 날 밤, 브라이트 박사는 야고보서 1장 2절~4절과 데살로니가전서 5장 16절부터 설교를 시작했다. '환난 속에서 하나님께 감사하는 것은 하나님에 대한 믿음과 확신의 표현' 이라고 설명했다. 나는 그 의미를 이해할 수 있었다.

나는 겪고 있는 시련에 대해 하나님께 감사하지 않음으로써 어떤 구원도 확실히 받지 못하고 있었다.

나는 4층에 있는 찜통 같은 방이 아닌 시원한 장소인 화재 비상구로 나가, 고통 속에 서로 영원한 시간 속에 빠져들어 그곳에 앉아 있었다. 그때 야고보서의 복음들이 내 머리 속에 울려 퍼졌다.

"내 형제들아 너희가 여러 가지 시험을 만나거든 온전히 기쁘게 여기라. 이는 너희 믿음의 시련이 인내를 만들어 내는 줄 너희가 앎이라. 인내를 온전히 이루라. 이는 너희로 온전하고 구비하여 조금도 부족함이 없게 하려 함이라(야고보서 1장 2절~4절)."

마침내 나는 내 삶과 인격에 대해 하나님과 하나님 뜻에 필사적으로 순종하는 마음으로 화재 비상구의 시원한 쇠 난간에 머리를 기대고 기도했다.

나는 목이 멘 채로 최선을 다해 열심히 기도했다. 그때의 기도는 너무도 절박했기 때문에 나는 지금도 그 낱말 하나 하나를 그대로 기억할 정도다.

"하나님, 요 근래 제가 경험했던 모든 고통에 대해 감사드립니다. 외로움에 대해 감사드립니다. 지독한 자의식에 대해 감사드립니다. 하나님은 당신이 하고 계시는 일을 잘 알고 계십니다. 저는 하나님을 믿습니다.

………………… (긴 침묵)

그리고 이제 저는 하나님이 제 곁을 떠나시지만 않는다면 기꺼이 보기 흉한 머리카락과 나쁜 피부와 유행에 뒤떨어진 옷을 입고 여생을 외롭게 살 수도 있다고 감히 말씀드리고 싶습니다."

그리고 나서 나는 내 자신과 나의 처량한 상태를 떠나 하나님의 경이로우심과 지혜에 대해 생각하기 시작했다. 내 마음에는 수업시간에 배웠던 하나님에 관한 경이로움들로 가득 차 있었다.

내 마음은 하나님이 임재해 계시며, 집에서 1천6백 마일 떨어진 화재 비상구에서 몸을 움츠리고 있는 이 보잘것없는 사람을 하나님께서 알고 계신다는 깨달음이 왔다. 내 입술은 하나님에 대한 새로운 확신을 표현하기 위해 찬양과 경배의 새로운 말들을 하고 있었다.

화재 비상구에서의 그 짧은 시간 동안 나는 많은 교훈을 얻었다.

첫째, 하나님은 내 고통스러운 상황을 알고 계셨다.

둘째, 하나님의 말씀을 의뢰하고 순종할 때 내 삶은 진정으로 변화되었다.

셋째, 하나님은 내 삶의 괴로움과 시련을 극복하는 법을 알게 하는 데 사용하셨다.

넷째, 하나님을 의뢰함으로 자신의 정신과 정서적 건강에 내가 할 수 있는 가장 중요한 기여를 했다.

다섯째, 하나님은 내 여건들을 전혀 변화시키지 않으신 채 내 삶을 변화시키셨다.

나는 인격의 성숙을 맞게 되었고, 이제 하나님이 내 삶을 주관하시게 되었다. 하나님은 내 안락함보다 내 가치의 정당성과 그리스도적인 인격에 더 관심을 가지고 계셨다. 내 자신을 위한 가장 위대한 승리는, 이 사실에 대해 하나님께 동의하며 기꺼이 하나님이 생각하시는 가장 최선을 행하시도록 한 것이었다.

1주일 후에 강습회를 마치고 집으로 돌아갈 때, 나는 보그지의 표지 모델로 요청 받거나 자니 카슨 쇼에 초대받거나 하지는 않았고 신데렐라가 된 것도 아니었다. 그러나 내면적으로는 다른 사람이 되어 있었다.

하나님과 나는 서로 비밀을 공유하고 있었다. 우리는 친밀한 만남을 가졌고 하나님은 자신의 품안에 나를 거두어 주셨다. 하나님께서 그렇게 해주셨다는 것을 알게 된 이유는 그때의 자의식에 빠져 있던 내 삶이 마지막 장이 아니라고 확신할 수 있었기 때문이었다.

나는 그 강습회가 내가 감히 꿈도 꾸지 못할 정도로 하나님을 알고 사랑하기 위한 미사일 발사대와 같다는 것을 인식하게 되었다. 나는 삶에서 진정으로 중요한 것이 무엇인가에 대해 조금이나마 알게 되었다.

그 덕분에 그 이후로 나는 "그 모두를 기쁨으로 생각하라."는 하나님 말씀에 몇 번이고 순종하게 되었다.

나는 하나님과 하나님의 말씀을 믿었고, 하나님은 외부 세계에 비상구가 없을 때에라도, 내면에서 나를 '자유롭게 하실 수 있다'는 것을 가르쳐 주시므로 내 마음에 기적을 행하셨다.

샐리 크리스턴 콘웨이

하나님은 하나님이시다

샐리 콘웨이는 전직 목사인 남편 짐과 '중년의 특성(Mid-Life Dimension)'이라는 성직활동을 시작했다. 그들 부부는 함께 오늘날의 급변하는 세계에서 사람들의 지친 마음을 어루만져 치료해 왔다.

콘웨이 부부는 특히 중년 성인과 그 가족들을 대상으로 하는 상담과 세미나들을 주최해 왔다.

성경에 대한 확고한 기초를 바탕으로 위트와 통찰력이 재미있게 혼합되어 있고, 중년의 위기에 대한 낙관적인 접근 방법 때문에 샐리는 강연자로서 크게 인기가 있다. 그녀는 지방과 전국의 라디오와 TV 프로그램들에 출연해 왔고, 미국 최고의 가정사역 전문가 중 한 사람으로 알려져 있다.

결혼한 세 딸과 여섯 명의 손자가 있는 그녀는 여러 권의 책을 저술했으며, 5년 동안 탤버트 신학교의 부교수로 일했다.

빌과 나는 사회에서 남성들의 중년의 위기가 거론되기 전부터 콘웨이 부부를 만났다. 나는 남편이 중년의 위기를 거쳤는지 혹은 모든 남성들이 그러한 것을 거치는지 알지 못한다. 그러나 샐리는 중년의 위기가 남편의 문제든 아내의 문제든 그 극복 방법에 대한 깊은 이해를 다음의 글에서 밝히고 있다.

남편은 화를 내며 자신의 코트를 움켜쥐고 문을 꽝 닫고 나가 버렸다.

내 마음은 요즈음 자주 그랬던 것처럼 우울해졌다. 그러나 최근에는 우리가 좀더 잘해 왔다고 생각했었다.

정말 그랬다. 그는 여전히 우울하고 혼란스러운 것처럼 보였고 나에게 자신의 쌓인 스트레스를 풀었으나 대부분 나를 그렇게 심하게 비난하지는 않았다.

그가 눈 덮인 차도를 걸어나가는 것을 지켜보았을 때 내가 오늘 저녁 방심했다는 것을 깨달았다. 나는 여러 가지를 조금씩 성가시게 잔소리했었고, 그가 결정한 사소한 것들에 대해 의심하기까지 했다.

몇 달 전까지만 해도 그는 그러한 조심성 없는 말들에 대해 문제삼지 않았었다. 그는 기댈 수 있는 넓은 어깨를 가진 너그러운 사람이었다. 그러나 이제 그는 예민해졌고, 나는 말과 행동을 조심하지 않으면 안 되었다.

때때로 그는 우울증에서 벗어나 정서적으로 강해졌다가도, 아주 사소한 일에 화를 내며 다시 새로운 하강 주기에 접어들곤 했다.

나는 그가 눈과 추위를 얼마나 싫어하는지 알고 있었고, 그가 옷을 충분하게 입고 나가지 않았기 때문에, 밖에 오랫동안 나가 있을 거라고는 생각하지 않았다.

게다가 오늘은 추수감사절 전날이었고, 딸 하나가 좀 전에 대학에서 학기를 마치고 집으로 돌아왔다. 우리는 특별한 귀향 만찬을 계획하고 있었다. 그러나 짐은 가족과 식사할 시간이 되어도 집에 돌아오지 않았다.

우리에게는 모든 가족이 모이기 전에는 식사를 하지 않고 기다리는 오래된 전통이 있었다. 그러나 딸들은 모두 다른 약속들이 있었고 기다리다 마침내 무언가를 조금씩 먹고는 밖으로 나갔다. 우리 가족에게 이런 일은 전에는 결코 일어난 적이 없었다.

나는 그와 나를 위해 특별한 접시받침과 촛불로 식탁을 다시 준비하고 그를 기다렸다.

나중에 짐은 집에 돌아왔다. 그는 내 사과를 받아들였고, 우리는 촛불 옆에서 함께 식사를 했다. 그는 상냥해 보였기 때문에 나는 그의 내면에서 여전히 화가 격렬하게 끓어오르고 있는지 전혀 모르고 있었다—분노 가운데 일부는 내게로 향한 것이었으나 대부분은 그 자신도 이해할 수 없는 내면의 깊은 갈등에서 초래되는 혼란과 공포였다.

우리는 잠자리에 들었고 그는 그 밤을 하나님과 격렬하게 갈등하면서 꼬박 지새웠음을 나는 나중에야 알았다. 당시에 나는 그

밤이 우리가 같은 침대에서 자는 거의 마지막 밤이 될 수도 있다는 것을 전혀 모르고 있었다.

짐은 3년 이상 지속된 거대한 중년의 위기를 한창 겪고 있는 중이었다. 그는 모든 책임들로부터 달아나고 싶어했다. 그는 우울했고 시무룩하거나 화를 내며 도전적이 되었다.

그는 나에 대한 모든 감정을 상실했다고 선언했다. 실제로 그는 다음과 같이 말했다.

"난 진정으로는 당신을 결코 사랑하지 않았소. 우리가 결혼한 것은 실수였소."

이런 그는 내가 이미 23년 이상을 성직활동을 함께 해온 낙천적이며 애정이 깊고 그리스도 중심으로 살았다고 믿는 남편의 모습이 아니었다. 그는 가치관이 완전히 뿌리째 흔들리고 있었다.

짐의 혼란이 몇 주일, 몇 달, 아니 몇 년이 되는 동안, 나는 계속 어린 시절의 어떤 장면을 생각했다. 남편이 중년의 위기를 극복하도록 돕는 데 필요했던 인내의 일부는 내 어린 시절의 경험에서 나온 것이었다.

나와 우리 가족은 비탄에 잠겼다. 우박을 동반한 폭풍으로 우리 가족의 예상 수입원이 완전히 엉망이 되어버린 것이다.

어머니는 그 여름 폭풍이 지나간 후 우리의 조그만 흰색 농가 앞에서 나와 함께 서 계셨다. 우리는 풀과 꽃이 피어 있는 작은 마당과 나머지 헛간이나 축사들과 마당을 구분하는 비로 축축해진

울타리에 기대어 서 있었다.

우리 집은 구릉 위에 있었고 구릉 중턱 여기저기에 헛간과 젖소, 돼지, 양과 닭들의 축사가 흩어져 있었다.

우리는 조그만 골짜기를 가로질러 방금 우박으로 처참하게 변해버린 옥수수들이 누워 있는 건너편 구릉을 바라보고 있었다. 그 해 수입의 많은 부분이 우박으로 폭격 당해, 엉망이 된 채 보기에도 끔찍한 모습으로 뒹굴고 있었다.

나는 어머니가 그 옥수수 밭에 쏟아부은 노동과 경비를 생각하며 비탄에 잠기신 것을 알고 있었다. 그때는 1944년이었으며 부모님은 대공황에서 완전히 회복하지 못하고 계시던 때였다.

어쨌든 네브래스카 농부들은 언제나 재난과 가까이 있었다. 언제라도 순식간에 우박이나 비를 수반하는 폭풍에 의해 지난해의 적자를 메우려는 모든 희망이 산산조각 날 수 있었다.

만약 날씨 때문이 아니라면 곤충이나 질병, 혹은 곡물의 낱알들이 땅으로 떨어지거나 가축 가격 때문일 수도 있었다. 부모님은 결혼하신 지 약 12년이 흐른 후에야 농장을 살 수 있을 것이라고 생각하셨다.

이 우박을 동반한 폭풍이 몰아친 날, 부모님들은 여전히 큰 빚을 지고 계셨다. 우리는 농장을 산 대부금을 지불하고 다른 경비들을 충당하기 위해 모든 농작물과 동물, 달걀, 젖소가 제공하는 버터가 필요했다.

때때로 단지 이러한 수입원들 중 하나가 실패하느냐 성공하느냐에 따라 우리가 농장을 잃느냐 마느냐가 달려 있었다.

그때, 우리가 엉망이 된 농작물을 바라보고 있을 때, 어머니가 두려움과 사라져 버린 노동과 돈에 대해 무언가를 말씀하셨던 것 같다. 그렇지만 지금 내가 기억하는 것은 내 어깨를 감싸안으신 어머니의 팔과 다음의 말씀이었다.

"애야, 남편과 아내가 서로 사랑하는 한, 삶에서 마주치는 어떤 일도 받아들일 수 있단다."

그 이후의 날들에서 부모님은 '어떤 일이든 감수할 수 있는' 사랑으로 가득 찬 부부애를 보여주셨다. 그 단단한 유대는 아버지가 여든세 살로 돌아가실 때까지 계속되었고 어머니는 지금까지도 여전히 그 사랑을 간직하고 계신다.

이제 나는 그 조그만 농장에서 먼길을 왔다. 그리고 덧붙이자면 우리는 그 많은 폭풍에 의한 손실들에도 불구하고 농장을 지킬 수 있었다. 나는 그곳에서 성장했으며 고등학교를 졸업했고 대학 진학으로 잠시 떠났다가 그곳에서 가장 가까운 마을에 있는 작은 교회에서 결혼하기 위하여 귀향했었다.

나는 크리스천 목회자로 부름 받은 남자와 결혼했다. 짐과 나는 신혼부부로서 신학교를 다녔다. 30여 년간 우리는 시간제로, 그리고 세 개의 교회에서는 담임으로 목회해 왔다.

우리는 성도들이 상처받을 때 같이 아파하고, 기뻐할 때 같이 즐거워하면서 너무나 많은 것을 배웠다. 그 기간 동안에 하나님은 우리에게 양육할 세 딸을 주셨다. 그들은 이제 성장해서 결혼했고 사람들을 돕는 일과 자신의 아이들을 기르는 일을 시작했다.

몇 년 전에 하나님은 짐과 나를 지역교회 성직활동에서 신학교에서 가르치는 일과 전국의 고통받는 중년 부부들의 목회자로 인도하셨다. 우리는 중년들이 경험하는 것을 직접 체험으로 알고 있다. 짐보다 몇 년 앞서 있었던 나 자신의 중년의 위기는 우리 결혼에 직접적으로 영향을 끼친 최초의 힘든 시련이었다.

짐이 '세상을 정복하는' 자신의 중요한 일로 바쁜 동안 나는 필요 없는 존재이며 가치를 제대로 인정받지 못한다고 느끼면서 많은 혼란을 경험했다. 짐은 현명하게도 내가 정체성을 확립하고 나 자신의 가치를 인식하는 것이 필요하다는 것을 알고 있었다.

그는 내가 목사의 아내이며 어머니인 것에 만족한다는 것을 알고 있었지만, 그 일들과 겸해서 학교로 돌아가 하나님이 주신 재능에 맞는, 교회 내에서 할 수 있는 성직활동을 찾아보라고 격려했다.

그의 헌신적인 사랑으로 나는 내 삶의 균형을 찾을 수 있었고, 다시 한번 나는 '내가 심어진 곳에서 꽃을 피울 수 있었다.'

우리의 결혼 유대를 시험하는 시련들은 다른 형태로도 닥쳐왔다. 여러 해 동안 우리 가족은 광범위하게 건강 문제를 겪어왔다—몇 번의 수술들, 부러진 뼈들, 꿰맨 상처들, 생명을 위협하는 알레르기 반응들, 가족 다섯 사람 중 네 사람이 전염성 적혈구 증가증(혈액 속에 있는 둥글고 큰 세포인 적혈구가 증가하는 증세)을 앓는 등, 그 목록은 너무 많다.

어느 해 가을 딸 브렌다가 여전히 전염성 적혈구 증가증에서 회복되고 있던 중에, 바이러스에 감염되어 대학 보건소에 입원해 있었다. 그때 언니인 바버라는 자전거 사고로 쇄골에 골절상을 입고 그곳으로 실려갔다. 그런데 브렌다가 바버라를 위로하기 위해 침대에서 나오다가 기절해서 머리를 부딪치는 바람에, 뇌진탕이 염려되어 X-레이를 촬영하기 위해 시 병원까지 이송되었다.

중년의 위기에서 최악의 상태에 있던 짐을 집에 남겨둔 채 나는 대학으로 차를 몰고 가, 브렌다가 양팔을 다 사용할 수 없게 되었기 때문에 결국 집으로 데리고 와야 했다. 당시 우리는 브렌다가 상체의 깁스와 여러 종류의 치료에도 불구하고, 1년 이상 낫지 않을 것이라고는 생각지 못했다.

우리는 그해 가을, 계속하여 발생하는 건강 문제들에 부딪쳤다. 며칠 지나지 않아서 막내딸 베키가 왼쪽 다리의 종양 때문에 두 번째 생검을 받아야 했으며, 그 다음해 봄 무렵에, 그 검사 결과와 많은 전문가들의 의견에 따라 베키의 종양은 과감한 조치가 필요한 특이한 악성 종양이라는 결론이 나왔다. 베키의 다리는 허벅지 중간 위쪽부터 절단해야 했다.

짐은 하나님이 베키의 다리를 고쳐주실 거라고 철석같이 믿고 있었다. 기대한 대로 기적이 일어나지 않았을 때, 그는 완전히 자제력을 잃었다.

"베키가 다리를 잃었을 때 나는 하나님도 잃었어!"라고 그는 여러 번 울부짖었다. 나는 짐이 자신의 발랄한 열 6살짜리 딸에게 하나님이 그런 일이 일어나도록 하신 이유와 씨름하는 동안 그의 곁을 지켰다.

그는 결국 "하나님은 하나님이시다."를 수용하게 됨으로써 평화를 찾게 되었다.

지난 몇 년 동안에 일어난 또 다른 시련은 하나님이 인도하고 계시다고 믿었던 성직활동 두 가지가 다 실패로 끝난 것이었다. 내가 우리의 프로젝트들에 대해 실패란 말을 사용할 수 있게 되는 데는 오랜 시간이 소요되었다. 그리고 그 두 실패로 인해 수천 달러 정도의 빚을 지게 되었다.

실제로 초라하고 낡은 거실의 가구들을 바라볼 때마다 나는 만약 우리가 하나님의 뜻으로 생각했던 그 성직활동에 돈을 써버리지 않았더라면 현재 우리는 멋지게 꾸며진 집과 많은 다른 사람들을 위해서도 가구를 비치하고 있을 거라고 생각한다. 하지만 재정적 손실보다 더 나빴던 것은 이러한 프로젝트들을 철회해야만 함으로써 우리 각자가 존경심을 잃게 된 것이었다.

그러나 아마도 우리가 경험해야만 했던 가장 힘든 시련은 지난 2년 동안이었던 것 같다. 전혀 예기치 않게 짐이 자신의 고통스러웠던 어린 시절을 회상하기 시작했다. 실제로 그가 기억을 표면화할 수 있게 되자 상태는 그 전보다는 조금 나아졌다.

소년시절의 모든 고통과 무관심이 밖으로 넘쳐서 분출되는 동안, 우리 두 사람은 서로에 대해 갖고 있던 헌신의 마지막 자락까지 필요했다. 때때로 나는 소년 같은 그의 개성을 억누르는 불공평하고 비판적이며 권위적인 사람이 되기도 했다.

짐은 마치 상처 입은 어린 4살 소년이거나 이기적인 7살 소년, 그리고 건방진 10살 소년처럼 행동했다.

짐은 수십 년 동안 깊이 묻어 두었던 잘못되고 바람직하지 못했던 가족관계—많은 방향으로 그 추악한 촉수를 뻗쳐 무고한 사람들에게 많은 비극적 영향을 끼친—들을 인식하게 됨으로써 고뇌했다. 일단 자신의 가족에 대한 진실을 직면할 수 있게 되자 그는 수치스러움에서 벗어나기 시작했다. 그러나 그것은 쉬운 일은 아니었다.

내 자신이 고통스러운 상황에 직면할 때, 그리고 오랜 결혼생활이 파괴되고 있거나 거의 파괴되어 버린 중년부부들과 상담할 때, 나는 "남편과 아내가 서로 사랑하는 한, 삶에서 마주치는 어떤 일도 받아들일 수 있단다."라고 하신 어머니의 말씀을 계속하여 되새긴다.

짐과 나는 '만약 부부가 서로 사랑한다면 살아가면서 일어나는 어떤 일도 극복할 수 있다'는 것을 함께 배워왔다.

우리는 또한 사람은 단순한 감정의 동물이 아니라는 것도 배웠다. 사랑은 감정이 존재하지 않을 때도 끝나지 않고 계속된다. 진정한 사랑은 빠져들었다가 다시 헤어나오는 것이 아니다. 하나님의 사랑도 마찬가지다.

사랑은 우리 두 사람을 위해 아름답고 충만한 무엇인가를 확립하는 데 최선을 다하겠다는 서약이며 결심이다. 사랑은 상대방이 사랑하는 마음을 갖고 있지 않을 때조차도 상대방을 소중히 하는 것을 의미한다. 삶이 줄 수 있는 모든 상처와 심한 실패들에도 불구하고 결혼관계는 지속될 수 있다.

많은 사람들이 말과 행동으로 내게 소중한 교훈들을 가르쳐 주었다. 그러나 36년간의 결혼생활 동안 짐과 내가 사랑을 유지할 수 있었던 것은 언제나 어머니께 배웠던 바로 그 위대한 교훈이었다.

그 어릴 적 어머니가 부부의 사랑이 삶의 어떤 상황보다 강하다고 말씀하신 그 교훈은 지금 많은 열매를 거두며 우리에게 행복한 삶의 중요한 이유가 되었다. 그리고 "하나님은 하나님이시다."라는 짐의 고백이 나의 진정한 고백이 되었다. 그것이 우리 삶을 지탱시켜 주는 근본이기 때문이다.

조이 도슨

나는 마침내 진리의 금광을 발견했다

조이 도슨은 국제적인 성경교사이자 정력적인 전달자이며 〈하나님과의 친밀한 교제(Intimate Friendship with God)〉의 저자이기도 하다. 그녀와 남편 짐, 그리고 결혼한 두 자녀들은 150개 국에서 활동하고 있는 종파간의 연합선교 단체인 '선교하는 젊은이(Youth with a Mission)'의 스태프들이다.

조이는 내게 큰 자극이 되어 왔다. 세계적인 시각을 지닌 여성으로 여러 나라에서 성경을 가르쳐 왔으며, 여러 나라의 영적 리더십 집회에서 다른 사람들과 자주 팀을 이루어 강연하고 있다. 그녀는 또한 오랫동안 TV와 라디오에서 성경을 가르쳐 왔다. 내가 '전국 기도의 날 위원회'의 일원으로서 그와 일하는 것은 기쁨이었다.

조이는 기도하는 여성이며 쾌활하고, 키는 작으나 내면적으로 많은 것을 갖추고 있어 말과 행동이 큰 여성이다. 여러분이 그에게 조언을 구하면 항상 성경에서 인용한 대답을 듣게 될 것이다.

여러분도 그가 이야기하고 있는 다음의 교훈에서 그가 성경에 정통해 있다는 것을 알게 될 것이다.

내가 누군가의 아내와 엄마가 되었을 무렵에, 나는 고통스러울 정도로 지혜가 부족함을 인식하고 있었다. 그래서 나는 이러한 내 품성의 약점을 치유하기 위해 여러 방법을 시도했다.

사람들은 현명한 사람들이 말하는 것에 귀를 기울여서 지혜의 진주들을 모아 다른 사람들과 대화할 때 적절한 순간에 그것들을 사용할 수 있기를 원한다. 그러나 몇 가지 설명할 수 없는 이유들로 나는 결코 그 진주들을 적절한 순간에 잘 적용할 수 없었다.

그 후 내가 현명하다고 생각하던 사람들은 대부분 말이 없다는 것을 관찰 결과 알게 되었다. 그래서 나는 그 방법을 시도해 보았으나 욕구불만이 생겨 노력할 만한 가치도 없다는 것을 알게 되었다.

내가 성장한 우리 집은 아주 완고했으나 말을 많이 하는 집안이었다. 그래서 나는 침묵의 틀에는 맞지 않는 것 같았다. 그래서 말을 많이 하는 것이 좋았으나 나는 말을 잘 못한 것에 대해 너무도 자주 미안해하며 용서를 빌어야 했다. 지혜는 결코 내 소유물은 아닌 것 같아 보였다.

내 삶의 다른 부분들에서도 변해지는 것이 어렵다는 것을 알고 있었다. 그래서 하나님께 내 죄를 고백하곤 했지만 반드시 진정으로 회개한 것은 아니었다.

나는 하나님과 깊은 유대감을 갖고 싶은 간절하고 진실한 욕구가 있었기 때문에, 이 모든 것이 나를 고통스럽게 했다. 그러나 나에게는 효과적인 해결책이 없었다. 이 문제들이 해결되기 시작한 것은 성령께서 '하나님에 대한 경외'를 주제로 하는 많은 성경구절들로 내 주의를 확실하게 끌게 되었을 때부터였다.

나는 마침내, 그리고 정말로 진리의 금광을 발견했다. 내가 배웠던 교훈들의 일부를 여러분과 나누고 싶다.

첫째, "여호와를 경외하는 것은 악을 미워하는 것이다(잠언 8장 13절)."

이것은 죄에 대하여 언제나 하나님과 같은 태도를 취하는 것을 의미한다. 만약 내가 죄를 미워한다면 죄를 쉽게 범하지 않을 것이다. 만약 더 강한 자가 강요하지 않는다면, 내가 싫어하는 일들을 하려 들지 않을 것이다. 그러므로 내가 죄를 범했던 이유는 마음속에 그 죄에 대한 사랑이 있었기 때문이라는 결론에 이르게 되었다. 그래서 죄에 대한 사랑을 증오로 대체해야만 했다. 하나님에 대한 경외로 죄에 대한 증오를 가지게 되는 것이었다.

이 단순하지만 심오한 진리는 잠언 16장 6절을 발견함으로써 보강되었다. "여호와를 경외함으로 인하여 악에서 떠나게 되느니라." 이것은 내게 있어 아주 놀랄만한 발견이었다. 내가 그렇게 자주 참회했던 죄들에 대해 진정으로 회개하지 않은 이유는 하나님에 대한 경외가 없었기 때문이었다.

날마다 하나님의 말씀을 읽을 때 그 주제에 관한 더 많은 구절들을 '하나님의 성품과 방식들' 이란 이름을 붙인 큰 노트에 기록하곤 했다. 그것은 신앙 독서를 통해 그 제목과 관련이 있는 구절들을 적어 놓은 내 개인적인 용서 책이었다.

하나님에 대한 경외에 관하여 기록한 것(총 66절이 된다)을 숙고하면 할수록 나는 점점 더 그것이 내 성품에 있는 모든 약점들에 대한 해답이라는 것을 인식하게 되었다.

둘째, "여호와를 경외하는 것은 지혜의 근본이요(잠언 9장 10절)." 와 "지식의 근본이어늘(잠언 1장 7절)."이다.

욥기 28장 12절에서 욥은 다음과 같이 물었다. "지혜는 어디에서 얻으며 명철의 곳은 어디인고." 나는 확실하게 그 의문과 일체감을 갖는다. 그는 명백히 깊은 수준으로 내 의문을 풀어주었다.

아무리 많은 재산을 가지고도 지혜를 살 수 없고 지혜의 가치와 비교할 수 없다고 욥은 말했다. 그것은 인간의 이해를 넘어서지만 "하나님이 그 길을 깨달으시며 있는 곳을 아시나니(욥기 28장 23절)." 그러자 진리가 갑자기 내 눈앞에 찬란한 모습을 드러냈다. "또 사람에게 이르시기를 주를 경외함이 곧 지혜요, 악을 떠남이 명철이라 하셨느니라(욥기 28장 28절)."

나는 하나님에 대한 경외에 관하여 심층적인 연구를 해서 내 삶의 모든 영역에 적용해야겠다고 결심했다.

나는 적어도 시작하고 있다는 것으로 충분히 고무되었다. 그것은 내 삶을 가장 혁명적으로 변화시키는, 진리에 따라 행동하기 시작하는 것을 의미했다.

셋째, "여호와를 경외하는 것은 지혜의 훈계라(잠언 15장 33절)."

나는 경건하려고 하는 만큼 지혜로워질 수 있다는 것을 알게 되었다. 진리라는 백열전구가 내 마음과 영혼에 불을 밝히려는 중이었다. 그리고 내 안에서 이것을 역사하셔서 나를 통해 다른 사람에게 역사하시는 성령에 순종함으로써 나는 너무도 큰 해방감을 느꼈다.

그 이후로 나는 반복하여 '하나님에 대한 경외'를 하게 달라고 기도했고 믿음을 통하여 응답 받았다. 내 삶은 유충에서 나비로 변하는 것만큼 눈에 띄게 진리가 나를 자유롭게 해주고 있는 것을 알 수 있다. 나는 생각과 말과 행동에서 죄에 대하여 완전한 증오를 경험했을 뿐만 아니라, 하나님의 지혜가 기껏해야 당혹스러울 뿐인 내 인간적 지혜를 대신하기 시작하셨다.

넷째, "너희 소자들아 와서 내게 들으라. 내가 여호와를 경외함을 너희에게 가르치리로다(시편 34편 11절)."

나는 매일 성경을 읽으면서, 하나님에 대한 경외에 관한 구절이 나올 때마다 각 구절들을 계속하여 빠짐없이 기록하며 이 진리의 모든 면을 계속하여 숙지해 나갔다. 이렇게 하여 나는 시편 34편

11절~13절에 기록되어 있는 것처럼 이 주제에 관련된 하나님의 특별한 가르침에 대하여 더 깊이 깨닫게 되었다.

나는 자신을 유치원에 다니는 어린 꼬마로 마음속에서 상상해 보았다. 하나님의 다른 가족들과 함께 내 조그만 의자에 앉아 매혹적인 선생님인 하나님에게 배우고 있었다. 그것은 기분 좋은 광경이었고 나는 배우느라 매우 들떠 있었다.

유치원에서의 첫 수업이 말과 관련된 과목(시편 34편 13절)이라는 것이 흥미로웠다. 사람들이 말하는 것—혹은 그만큼 중요한, 말하지 않는 것들—을 주의 깊게 들음으로써 그들이 어느 정도로 하나님을 경외하는가를 곧 알게 되도록 나는 배우게 될 것이었다.

나는 하나님이 말씀하신 1백 퍼센트의 정직성과 기회라는 높은 수준에서 다음을 신중히 숙고했다.

"네 입술을 궤사한 말에서 금할지어다(시편 34편 13절)."

나는 내 삶에 변화가 있어야만 할 것이라는 것을 깨달았다. 과장하거나 줄잡아 말하지 않는 것과 문맥을 무시하고 해석한 것을 전달함으로써 누군가를 잘못 인도하지 않는 것들이었다.

실제로는 전혀 하고 싶지 않은데 사람들이 내게 어떤 일을 시키고 어떤 장소에 가달라고 부탁하면 "하고 싶지만, 그러나……." 하고 내가 수없이 말했던 경우들에 대해 생각하기 시작했다. 그러나 만약 실제로 하고 싶은 경우가 아니라면 나는 "그러고 싶지만"이란 말은 하지 않게 되었다.

내가 어떤 주어진 상황에서 진리인 어떤 사실들을 말하는 한, 그것은 진리를 말하고 있는 것이라고 믿었었던 순간들에 대해 생각했다.

내가 하나님에 대한 경외에 대해 세심한 주의를 기울여 계속 추구하면 할수록, 진리를 전하는 사실들이 충분히 전해졌을 때만 진리는 말해지는 것이라는 것을 인식하게 되었다.

다섯째, 하나님에 대한 경외는 잠언 29장 25절에서 말하고 있듯이 올가미가 될, 인간에 대한 두려움에서 벗어나는 유일한 길이다.

나는 내 행동들에 대해 하나님의 반응보다 사람들의 반응에 더 강하게 영향을 받음으로써 속박되었었다. 그러나 하나님을 의식하면 할수록 나의 자의식은 점점 줄어들었다. 내가 모든 상황에서 하나님의 인정을 중요하게 여기면 여길수록 하나님은 점점 더 내 안에 하나님의 권능에 따라 행동하는 데 대한 확신을 심어주셨다. 하나님에 대한 경외는 인간의 해방을 가져왔다.

여섯째, 우리가 죄를 미워하여 미혹되지 않을 때, 우리는 가장 강하거나 교묘한 유혹들도 무서워할 필요가 없다는 것을 깨닫게 되는 것은 아주 멋진 일이었다.

이사야는 예수님이 세상에 오시면 "하나님에 대한 경외를 기뻐할 것"이라고 예언했다. 이것을 통해 나는 생각과 말과 행동으로 신앙생활을 함으로써 기쁨으로 충만한 자유를 경험하게 되는 것이었다. 숨기는 것이 전혀 없이, 제약도 없이 자연스럽고 솔직하고 충실하고 정직하게 되는 것이었다.

비록 배워야할 것이 많이 있었지만, 이해하기 힘든 것은 아니었다. 나는 하나님에 대한 경외심을 갖고, 유지하기 위해서는 깊이 갈망하고 계속해서 하나님께 간구하여 믿음을 통해 그것을 얻어야 한다고 생각했다. 또 하나님의 말씀을 기초로 그 실체를 계속 연구해야 하며 하나님이 말씀하시는 진리에 따라 행동해야만 한다는 것을 깨달았다.

하나님을 경외하며 살아가는 것은 삶을 자유롭게 하는 길일뿐만 아니라 흥미로운 모험이기도 하며, 또한 반드시 그렇게 해야만 하는 것이 인간의 도리라는 것을 발견하였다.

주디 다운스 더글러스

하나님을 삶의 중심에 놓자, 비로소 의미 있는 사람이 되었다

주디 더글러스는 25년 이상 '그리스도를 위한 대학십자군' 스태프의 일원으로 일했으며 '컬리지트 챌린지(Collegiate Challenge)' 와 '월드와이드 챌린지(Worldwide Challenge)' 잡지의 편집자와 출판부장으로 일했다. 그녀는 현재 '월드와이드 챌린지' 의 편집 고문이며 프리랜서 작가이자 독신자와 젊은 엄마들을 이슈로 하는 3권의 책을 저술했다.

주디는 '대학십자군 미국 성직활동(U.S. Ministries of Campus Crusade)' 을 이끌고 있는 남편 스티브를 돕고 있다.

그녀는 대학 캠퍼스와 교회 여성 모임, 수양회, 선교대회 그리고 독신자 모임 등에서 자주 강연한다. 그녀는 또한 작가 연수회 등에서 강연하기도 한다.

그와 남편에게는 두 딸 데비와 미셸이 있다. 첫 아기가 태어났을 때 주디는 '엄마가 되기 위하여' 가정으로 돌아갔고, 그의 삶에서 그 변화에 적응하는 것은 가장 도전의식을 불러일으키는 것들 중 하나라는 것을 알게 되었다.

여러분은 주디가 자신의 의미를 새롭게 발견하고 고양시켜 나가는 과정을 함께 나누면서 삶의 자양분을 얻을 것이다.

스티브가 우아한 천사 양초에 불을 붙이는 동안, 내 딸들인 데비와 미셸이 식탁 위에 천사들—두 개의 밝은 빛의 은동 천사들과 반짝이는 청동 천사 하나와 사랑스러운 세라믹 종—을 가지런히 배열했다. 그러는 동안 나는 우리 모두를 위해 복숭아 파이를 접시에 담았다. 우리는 '천사들과 함께 축하 파티'를 하기 위해 준비하고 있었다.

남편 스티브가 말했다.

"어제 엄마가 한 여성 모임에서 예수님에 대해 강연했단다. 그들 중 세 사람이 예수님을 구세주로 자신들의 삶 속에 영접하기를 원했단다."

나도 딸들에게 말했다.

"너희들도 그들이 그리스도를 영접하는 데 도왔단다. 너희들 덕분에 엄마가 그 모임에 가서 그들과 함께 이야기를 나눌 수 있었고 하나님이 특별하신 용도로 나를 사용하시도록 너희들이 기도해 주었기 때문이란다. 이제 하나님의 가족에 새로운 세 명의 자녀가 추가되었단다."

"천사들이 무엇을 하고 있니?"

스티브가 물었다.

"파티를 하고 있어요!"

미셸이 소리쳤다.

"천사들은 그분들이 예수님을 마음속으로 모셨기 때문에 축하하고 있어요."

데비가 덧붙였다.

우리 네 사람은 함께 기도했다. 사람들이 그리스도를 알게 되도록 도울 수 있는 특권을 주셨음을 하나님께 감사드렸고, 하나님 안에 있게 된 이 새로운 자매들에 대해 하나님께 감사드렸으며 그리스도 안에서 자신들의 새로운 삶을 시작하는 그들을 위해 기도드렸다. 그리고 나서 우리는 복숭아 파이를 먹었다.

이처럼 우리 집은 가족 중 누구라도 새로운 사람을 전도할 때마다 '천사들과 함께 축하' 파티를 하는 것을 소중한 전통으로 삼았다. 그리고 이렇게 우리가 축하할 때마다 하나님은 우리가 다른 사람들에게 하나님의 사랑에 대해 말하는 것이 얼마나 큰 특권인지를 상기시켜 주셨다.

그럴 때면 나는 매우 의미 있는 존재처럼 느껴지고 내가 하는 모든 사소한 일들도 중요한 것처럼 느껴졌다. 그러나 내가 항상 그런 식으로 느끼는 것은 아니었다.

몇 년 전 어느 여름날 저녁의 한 집회를 나는 특별히 기억하고 있다.

강연자가 말했다.

"시간이 없습니다. 세상은 주 예수 그리스도가 필요합니다. 세상은 하나님을 열렬히 원합니다. 지금은 위기에 대해 무관심할 때가 아닙니다. 우리의 삶은 초자연적이 되어야만 합니다. 우리는 정신적 혁명가들이 되어야만 합니다!"

나는 생각했다.

'맞아, 언제쯤이면 내가 다시 주님을 위해 의미 있는 일을 하게 될까?'

확실히 나는 약간의 의미 있는 일들을 했었다. 나는 8살 때 작가가 되고 싶다고 생각했다. 15살에 그리스도를 영접했을 때는 하나님이 나를 위해 예비하신 특별한 일이 있을 것이라고 확실하게 느꼈다. 그리고 나를 위해 예비하신 일이 하나님을 위해 글을 쓰고 편집하는 것이라는 것에 정말로 깊이 감동했다.

나는 15년 동안 그리스도를 위해 사람들의 삶에 영향을 주는 글을 쓰고 편집하면서 '그리스도를 위한 대학십자군' 출판부에서 일하는 특권을 누렸다. 나는 하나님이 내 삶에서, 그리고 내 삶을 통하여 놀라운 일들을 역사하시는 것을 목격해 왔다.

나는 내가 마치 초자연적인 삶을 살고 있으며 그리스도의 큰 뜻에 의미 있는 기여를 하고 있음을 매우 강하게 느꼈다.

그러나 그때 내게는 14개월짜리 딸아이가 있었다. 나는 일상생활을 유지하는 것만으로도 힘에 부쳤다. 게다가 나는 또 한 아기를 임신중이었다. 그래서 내가 진정으로 의미 있고 만족스러운 일을 하는 것은 말할 것도 없고, 단 한 사람이라도 다른 사람에게 봉사의 손길을 내밀 시간은 도저히 낼 수 없었다.

자신의 의미나 가치가 줄어드는 느낌이 드는 것은 전혀 놀라운 일이 아니었다. 오히려 그것은 모든 어머니들이 느끼는 흔히 있는 반응일 수 있었다. 그러나 그 사실을 안다고 해서 좌절감이 줄어들거나 내가 추구하는 것이 반감되지는 않았다.

심리학자 브루스 내러모어는 대부분의 심리학자들이 우리 자신의 의미나 가치 인식에, 삶의 어떤 기본적인 상황들이 영향을 미친다는 것에 동의한다고 말한다.

개인적인 가치와 의미에 영향을 미치는 다섯 가지의 가장 중요한 기준들은 안정, 확신, 소속감, 사랑 받는다는 느낌 그리고 목적의식이다.

나는 직업에서 이 모든 기준들에 대해 개인적인 가치를 경험했었다. 주로 나는 하나님이 부르신 일을 하고 있다는 확신 때문에 직업에서 안정을 느꼈다. 그래서 일을 훌륭히 잘해내고 있다고 느낄 만큼 충분히 오랫동안 내 일을 했었다.

또한 나는 확실한 소속감을 갖고 있었으며 동료들과 매우 친밀했고 탁월한 직업의식을 갖고 있었다. 또한 남편과 내 삶에서 중요한 다른 사람들은 물론, 같이 일하고 있는 동료들에게서도 사랑받고 있다고 느꼈다.

내가 하나님을 위해 다른 사람들의 삶에 영향을 주는 글을 쓰고, 편집을 한다는 확신은 내 삶에 아주 큰 목적의식을 부여했다. 그러나 어머니라는 새로운 역할은 이 기준들 중 어떤 것에서도 내게 가치 있는 확신을 거의 주지 않았다.

그리고 비록 다른 누군가에게 책임을 떠맡기고 싶은 때가 여러 번 있었지만 이 일을 할 사람은 나 외에는 아무도 없었다.

그런 점에서는 어머니로서 안정감을 느꼈으나 나는 자주 내 건강과 온전한 정신상태를 확신할 수 없었다. 그리고 '겨우 지탱하고 있는' 내 정신력에 진정한 안정감을 거의 주지 못했다.

나는 어머니 역할이 쉽지 않다는 것을 알게 되었고 내가 잘하고 있다는 확신도 가질 수 없었다. 나는 많은 책들을 읽었고, 그 책들을 읽음으로써 때로는 도움이 되었으나 너무 자주 열등의식을 느끼게 되거나 실패자처럼 생각되었다.

내가 딸아이에게 속해 있다는 느낌은 물론 있었다. 그러나 그 밖의 다른 곳에 속할 기회는 거의 없었다. 나는 종종 직장의 동료애를 그리워했다.

나는 비록 내 자신이 자주 사랑스럽게 느껴지지는 않았지만 남편의 사랑을 여전히 확신했다. 그러나 나의 예쁜 어린 딸에 대해 말하자면, 그 아이는 보통 내게 사랑을 되돌리기보다는 요구만을 해댔다.

내가 데비를 돌보는 일은 장기간에 걸쳐 중요한 의미와 목적을 지닌다는 것을 알고 있었다. 그러나 유아기에는 결과들에 대한 눈에 보이는 확실한 증거가 거의 없기 때문에 목적의식을 갖기가 어려웠다.

다행히도 하나님은 내가 좌절감과 무의미함 속에 빠져 있도록 내버려두지는 않으셨다. 또한 하나님이 예비하신 의미 있는 기회로부터 내가 등을 돌리는 것도 허락하지 않으셨다.

하나님의 말씀을 연구하고 남편과 다방면에 걸쳐 대화를 나누며 믿음이 좋은 어머니들의 조언을 통해, 하나님은 어머니로서의 내 삶에 대한 당신의 뜻을 보여주셨다. 하나님은 먼저 내가 의미를 상실한 것부터 올바르게 수정하셨다. 하나님만이 내 개인적인 가치와 진가의 근원이라는 것을 일깨워주셨다.

하나님은 나를 무조건적이며(로마서 5장 8절), 무궁하게(예레미야서 31장 3절), 그리고 희생적으로 사랑하신다(요한복음 15장 13절)는 것을 일깨워 주셨다. 그리고 하나님 안에서—오직 하나님 안에서만—내가 확신을 가질 수 있다는 것을 일깨워 주셨다.

나는 하나님의 형상으로 창조된(창세기 1장 26절~27절) 특별한 사람이다. 나는 창조의 극치(시편 8편 4절~5절)다. 나는 모든 것을 할 수 있다(빌립보서 4장 13절). 하나님은 확신에 대한 나의 근원이며 이유이시다.

하나님은 내가 모든 것들 중에 가장 거대한 집단인 하나님의 가족에 속해 있다는 것을 깨우쳐 주셨다. 하나님은 나를 딸로 받아들이셔서 당신의 자녀로 만드셨다(에베소서 1장 4절~6절), (요한복음 1장 12절).

그리고 하나님은 내가 의미 있는 목적을 갖고 있다는 것을 보여주셨다. 내 삶에 대한 하나님의 가장 중요한 뜻은 나를 예수님의 형상을 본받게 하시는 것(로마서 8장 28절~29절)이었다. 내가 그리스도를 점점 더 닮아갈 때, 하나님의 영광을 드러냄으로써 나에 대한 하나님의 뜻을 실현할 것이었다(베드로전서 2장 9절).

하나님은 또 내 삶에 다른 특별한 뜻들도 가지고 계셨다. 그 중 하나는 훌륭한 열매를 맺게 하시는 것이었다.

"너희가 나를 택한 것이 아니요 내가 너희를 택하여 세웠나니 이는 너희로 가서 과실을 맺게 하고 또 너희 과실이 항상 있게 하여 내 이름으로 아버지께 무엇을 구하든지 다 받게 하려 함이니라(요한복음 15장 16절)."

또한 하나님은 나를 위하여 훌륭한 일들을 예비하셨다.

왜냐하면 "우리는 그의 만드신 바라. 그리스도 예수 안에서 선한 일을 위하여 지으심을 받은 자니 이 일은 하나님이 전에 예비하사 우리로 그 가운데서 행하게 하려 하심이니라(에베소서 2장 10절)."

달란트의 비유(마태복음 25장 14절~30절)에서 예수님은 우리는 하나님이 우리 삶에 부여하신 은사를 훌륭하게 활용해야 한다고 말씀하고 계신다.

내가 갖고 있는 모든 것이 내게 예수님이 계시기 때문이라는 것을 이해하게 되었을 때, 성취감을 가져오는 것은 내 삶에서—경력과 성직활동에서 혹은 어머니로서—그 모든 중요한 기준들을 충족시킴으로써가 아니라는 것을 나는 인정하기 시작했다.

오히려 성취감은 예수 그리스도를 통하여 하나님과 나의 관계에서 이루어졌음을 알았다. 하나님만이 내게 필요한 사랑과 안정과 확신과 소속감과 인생의 목적을 주실 수 있었다. 그렇게 해서 하나님은 어머니 역할이나 내가 할 수 있는 어떤 성직활동과도 관계없이 내가 의미 있는 존재라는 의식을 회복시켜 주셨다.

하나님은 의미에 대한 내 필요를 충족시켜 주셨다. 그리고 내가 내 의미의 진정한 근원을 명백히 이해했을 때, 하나님은 점차적으로 나를 위해 예비하신 기회들을 열어주시기 시작하셨다.

나는 내가 어머니로서 가진 그 너무도 중요한—그리고 의미 있는—의무에 대해 확실한 비전을 갖게 되었다. 그리고 하나님은 사람들의 삶에 영향을 미치는 창조적인 길로 나를 인도하셨다. 그것은 나와 내 능력과 내 가족에게 필요하고도 적합한 길이었다.

그리스도를 내 삶의 중심에 놓을 때, 나는 내 삶의 의미를 정확하게 인식하게 됨을 알았다. 나는 그리스도를 통해서만 비로소 진정한 의미로 가득 채워짐을 체험했다. 그리고 그렇게 하여 나를 위해 예비하신 의미 있는 일을 자유롭게 하신다는 것도 깨달았다.

콜린 타운센드 에반스

거절하는 법을 배우자

콜린 에반스는 '장로회 목회자 기금협회(Presbyterian Ministers Fund)'의 일원이며 '월드비전 유에스(World Vision, U.S.)'와 '월드비전 인터내셔널(World Vision International)' 등을 포함하여 여러 단체의 이사로 사역중이다.

인권에 대한 깊은 관심으로 그녀는 도시 저소득층을 대상으로 하는 교회 관련 성직활동을 하고 있으며 '전국장로교회 기아위원회(Hunger Committee of the National Presbyterian Church)'의 일원이다.

1986년 그녀는 그해의 미국 여성 성도 가운데서 '독실한 기독교인'으로 선정되었으며 1987년 '대 워싱턴 빌리 그레이엄 십자군(Greater Washington Billy Graham Crusade)'의 의장이 되었다. 또한 뉴욕킹 대학과 펜실베니아주 세인트 데이비스의 이스턴 대학에서 명예박사 학위를 취득했다.

1940년대 그녀는 여배우로 발탁되어 여러 영화에 출연하면서 할리우드의 가장 유망한 신인 스타 중 한 사람이 되었다. 아주 가까운 친구들 사이에서 '코우크'로 불리는 그녀는 1950년 루이스 H 에반스 2세와 결혼하기 위하여 여배우로서의 경력을 접었다.

그들 부부는 결혼 초기에는 샌프란시스코 신학교에서 보냈고 그 후 2년간 스코틀랜드에 있는 에든버러 대학의 뉴 칼리지에서 보냈다.

그와 남편은 캘리포니아의 두 교회 '벨 에어 장로교회'와 '라 졸라 장로교회'에서 사역했다. 현재 워싱턴 DC에 거주하고 있으며 남편은 '전국 장로교회'의 목회자로 사역중이다.

에반스 부부에게는 자녀가 넷이며—세 아들과 딸 하나—손자가 셋 있다. 콜린은 일곱 권의 책을 저술했으며 그 중 한 권은 결혼에 관한 것으로 남편과 공저했다.

에반스 부부는 10년 동안 미국의 수도인 도시 한가운데서 살아왔고 미국에서 가장 사랑 받는 부부 중 한 쌍이다. 내가 콜린에게 그의 삶에서 가장 위대한 교훈을 함께 나누자고 부탁했을 때, 그녀는 살아오면서 발견해 왔던 많은 중요한 교훈들에 대해 깊이 이야기해 주었다.

이제 여러분이 읽게 될 이야기는 우리에게 가장 현실적인 교훈 중 하나다. 만약 그가 그 교훈을 배우지 않았더라면 오늘날 이렇게 좋은 원고를 쓸 기회가 없었을 것이다. 이제 그의 이야기는 시작된다.

그 모든 것이 1950년대 후반에 시작되었다. 내 삶에서 그때는 많은 것들이 새로웠다.

나는 당시 크리스천이 된 지 얼마 되지 않은 때였다. 나는 막 아내가 되었고—그리고 나서 바로 엄마가 되었다—남편이 신학교와 대학원을 마치자 우리는 새로운 교회를 시작해 달라는 요청을 받았다.

그것은 항상 사람들을 사랑하고 봉사하고자 하는 깊은 욕구가 있는 사람에게는 쉽게 취하게 하는 와인과도 같았다. 그러나 솔직히 말해서 그것이 모두 다는 아니었다. 나는 사람들을 기쁘게 하고 그 보답으로 그들이 나를 좋아해 주기를 원했다.

남편 루이에게 요청이 들어온 개척교회는 로스앤젤레스 위쪽 언덕에 자리잡은 벨 에어라는 곳이었다. 그것은 우리를 흥분시키는 새로운 도전이었고, 우리는 열정을 가지고 뛰어들었다.

그 교회는 나지막한 회색 빛깔의 캘리포니아식 구조로 거실 외에는 집회 장소가 없었다. 그 사실은 처음에는 문제가 되지 않았다. 우리는 계속되는 집회를 위해 150개의 접의자(침대 외에는 우리의 최초의 가구)를 차고에 보관했으며 침실을 교회 사무실로 사용했다.

얼마 후 늘어나는 성도들 덕분에 주일예배를 근처 초등학교 강당을 빌려서 드릴 수 있었으나 다른 집회들은 계속 우리 집에서 해야 했다. 그것은 거의 하루 종일 계속되었다.

집회 외에 밤낮을 가리지 않고 예고 없이 찾아오는 방문객들을 위해 나는 의자들을 펴고 사람들에게 인사하고 다시 의자들을 접고, 집을 정리하고, 과자를 굽고, 펀치(레몬 즙, 설탕, 포도주 등의 혼합음료)를 만들고, 계속해서 커피를 끓였다.

나는 모든 교회활동뿐 아니라 사회활동도 해야만 한다고 생각하고 있었다. 천성적으로 지역사회 활동가인 나는 체질적으로 보람있는 대의(大義) 실현을 위해 봉사해 달라는 부탁들을 거절할 수 없었다. 그래서 나는 '비벌리힐스 벨 에어 지역사회기금 모금운동'의 회장이 되었다. 그 일을 돌아보면 그 시기에 내가 회장직을 맡았던 것은 제정신이 아닌 행동인 듯싶다.

그 무렵 나는 더 이상 '햇병아리' 엄마가 아니었다. 우리는 그때 모두 5살 미만인 아이들 네 명이 있었다. 그래서 내가 새로 산 한 무더기의 깨끗한 기저귀를 접기 시작할 때쯤, 나는 본래 접고 있던 기저귀 무더기를 결코 완전히 접을 수 없었다.

어느 날 밤 집회가 끝나고 마지막까지 있던 교인들도 집으로 돌아갔을 때, 나는 발을 질질 끌며 침실로 가서 너무 피곤한 나머지 침대 위에 쓰러졌다. 휴식은 믿을 수 없을 만큼 달콤했으나 그것은 오래가지 않았다.

아기용 침대에서 꼼지락거리는 움직임이 보였고 그것은 막내가 한밤중에 젖을 먹겠다고 내게 알리는 신호였다. 나는 거의 자동적으로 비틀거리며 침대에서 억지로 일어나 아기를 안아들고 흔들의자에 앉아서 젖을 먹이기 시작했다.

바로 그때 남편인 루이가 깊이 잠들어 있는 것이 보였다. 보름달 빛이 두꺼운 커튼 틈 사이로 흘러들어 마치 기괴하고 흐릿한 진주빛 스포트라이트가 남편의 잘생긴 얼굴에 집중되고 있었다.

나는 갑자기 끓어오르는 질투를 느꼈다. 아니, 질투라기보다는 분노가 섞인 원망이었다. 그는 왜 이럴 때 내게 도움이 되지 못할까?

아, 물론 나는 그가 아기에게 젖을 먹일 수 없다는 것은 알고 있었다. 그러나 그 순간에 나는 논리가 아닌 감정이 앞섰다. 나는 화가 났고 피곤했고, 누군가에게 나의 짜증을 퍼부어야만 했다.

그 순간 나의 태도는 하나님을 경배하는 태도는 아니었으나 적어도 나 자신에게만큼은 정직했다.

그런 정직한 마음 때문에 내게 문제가 되고 도움이 필요하다는 것을 알게 되었으므로 그런 태도도 나름대로는 제 역할을 한 셈이다. 그런 사실은 내가 며칠 후 정기 건강검진을 받기 위해 우리 가족의 친한 친구이기도 한 의사에게 갔을 때 확인되었다.

"솔직히 말해 너무 피곤해."

친구가 어떠냐고 물었을 때 나는 대답했다.

"당연하지!"

앞에 놓은 검사 결과 보고서를 보며 친구가 소리쳤다.

"실제로 빈혈 증세가 있어. 건강을 조금이라도 되찾을 수 있는지 알기 위해서라도 너는 병원에 입원해야만 해."

"하지만 프로스티, 그건 안 돼!"

나는 당황한 목소리로 친구에게 말했다.

"내가 입원하면 누가 루이와 아이들을 돌보며, 누가 매주 두 번 아침기도 식사 준비를 하고, 모든 교회 집회를 대비해 집을 깨끗이 정리하고 '지역사회기금 모금운동'의 책임을 맡아야 한단 말야. 난 도저히 병원에 입원할 수 없어."

내가 너무 당황스러워서 내뱉듯이 말하자, 친구는 머리를 가로 저으며 맥없이 앉아 있었다.

"가사 일을 도와줄 고용인을 둘 수 없어?"

나는 소리내어 웃었다.

"고용인? 개척교회 급료로 말야? 안 돼!"

만약 내가 친구로부터 동정을 기대했다면 그것은 완전히 내 오산이었다. 친구는 자신의 강렬한 푸른 눈으로 나를 바라보며 "저런, 저런." 하는 동정의 기미도 전혀 없이 다음과 같이 심하게 나를 나무랐다.

"코우크, 너는 제정신이 아니야. 완전히 미친 거야. 너는 슈퍼 아내, 슈퍼 엄마, 모든 사람들에게 슈퍼 친구가 되려 하고 있어. 그러나 실제로는 자신을 어떻게 돌봐야 하는지조차 모르는 슈퍼 순교자가 되고 있는 중이야. 네가 하나님과 세상에 얼마나 많이 봉사하고 싶어하는지는 알고 있지만 계속 이런 식으로 나가면 너는 아무에게도 봉사할 수 없게 될 거야. 아기 네 명에, 그 많은 교회 일에, 그러고도 너는 여전히 어떤 일이든 부탁만 하면 다 들어주고 있어. 만약 네가 거절하는 법을 배우되 그것도 빨리 배우지 않으면 35살이 되기도 전에 완전히 소진되어 버리고 말 거야!"

나는 간담이 서늘해졌다. 친구의 현실적인 질책이 내 마음에 고

스란히 와닿았다. 만약 내가 생활에서 즉시 몇 가지를 시정하지 않는다면 프로스티가 내 대신 강제로 변화시킬 거라는 것을 알고 있었다.

진료실을 나와 로스앤젤레스의 혼잡한 교통 체증을 뚫고 집으로 운전해 가는 동안 나는 우울했다. 내가 생활을 바꾸고 내 일을 줄여야 한다고 루이에게 말하면 실망하게 될까 봐 두려웠다. 그러나 그것은 내가 크게 잘못 생각하고 있는 것이었다.

남편은 내게 커다란 의지가 되어 주었다. 이 사실로 한 줄기 섬광처럼 스쳐가는 생각이 있었다. 내게 그렇게 많은 일을 하도록 강요한 사람은 그가 아니라 바로 나였다는 것이다.

남편이나 하나님이 나를 건강하지 못한 생활방식으로 몰아댄 것이 아니었다. 바로 내 자신에 대한 기대 때문에 내가 벌인 일들이었다.

남편이 실제로 원한 것은 내가 하나님이 창조하신 대로의 사람이 되는 것이었고, 그와 아이들과 즐겁게 지내는 것이었다.

나는 서서히 긴장을 풀어가기 시작했다. 그리고 진심으로 기도하기 시작했다.

"하나님, 저를 인도해 주옵소서. 저가 살아가야 할 길을 가르쳐 주시고, 저의 스케줄에서 어떤 것을 제외시켜야 할지 말씀해 주소서. 주여, 진심으로 저의 일상생활을 지배해 주시기를 간절히 바라옵니다."

그런데 나는 부끄럽게도 이렇게 생각하기도 했다.

'아마 하나님이 가정부를 보내주실는지도 몰라. 대부분의 이웃들은 하녀들이 있고 나도 그들만큼 도움이 필요하니까.'

그러나 하나님의 지혜는 무궁하셨기 때문에 그런 일은 결코 일어나지 않았다. 만약 하나님께서 가정부를 보내주셨다면 나는 건강하지 못한 스케줄로 계속 불순종했을 것이다. 그리고 그리스도께서 내 삶에서 일어나는 일들을 결코 지배하지 못하셨을 것이다.

가정부를 보내주는 대신 하나님은 내게 필요한 통찰력을 주셨다. 나는 우선 하는 일의 순서가 틀려 있음을 깨달았다.

그 시기에 나는 세상을 구하기 위해 밖으로 나가서는 안되었다. 언젠가 그것을 위한 시기가 따로 마련되어 있고, 그때는 집에 있으면서 가족과 나 자신을 돌보는 것이 옳았다.

무엇보다 그리스도와 내 삶의 매우 특별한 동반자, 그리고 하나님이 얼마 동안 우리에게 맡기신 네 명의 작고 아름다운 아이들과 내 관계를 돈독하게 하는 데 온 정성을 기울이는 것이 순서였다.

하나님은 우리 부부가 그리스도의 이름으로 서로에게 봉사한 후에야 비로소 앞으로 나아가, 도움이 필요한 사람들에게 봉사할 수 있다는 것을 내게 아주 명확하게 보여주셨다.

그렇게 가정에서 우리의 관계를 돈독히 한 후에 그 확고한 토대를 바탕으로 지치고 힘든 세상을 향해 도움의 손길을 내밀 수 있는 것이었다. 그러므로 그때 내게 필요했던 것은 가정부가 아니었다. 내 능력에 맞게 일을 현명하게 줄여서 재조정하는 것이었다.

그러나 실제로 그렇게 행동하는 것은 말하는 것만큼 쉽지 않았다. 왜냐하면 그렇게 한다는 것은 모든 사람을 기쁘게 하려는 내 꿈을 포기하는 것이기 때문이었다. 또 누군가로부터 전화로 어떤 요청을 받을 때 그것을 거절하는 것을 의미했다. 그리고 끊임없이 그런 사람들을 화나게 하는 것이었다.

그러나 그렇게 하는 것이 힘든 일이기는 했으나 나는 마음의 결정을 했다. 새로운 사고방식에서 가장 중요한 것은 하나님의 의견이었고, 내 삶을 지배하는 이는 다른 사람들이 아니라 그리스도이셔야만 했다. 결국 나는 프로스티가 말한, 내가 살아남는 법을 배워야 한다는 교훈을 체득하게 되었다. 그리고 많은 일들을 거절하기 시작했다. 동시에 나는 나를 도우려는 사람들의 도움도 받아들이게 되었다. 그리고 그 덕분에 아주 마음이 따뜻한 몇 사람이 내 삶 속으로 걸어 들어왔다.

그 후에 사람들이—내가 보기에 하나님이 최선으로 여기시는 일이 아닌—책임을 맡아 달라고 부탁할 때, 나는 점차적으로 부담 없이 다음과 같이 말하게 되었다.

"저를 생각해 주셔서 감사합니다만, 지금은 시기가 아닌 것 같아요."

나는 슈퍼우먼이 되고 싶은 욕구로부터 자유로워지고 있었다. 그리고 거절함으로써 사람들에 대해 죄의식도 느끼지 않게 되었다. 나는 체력과 상황의 한계 때문에 자신을 비난하고 안달하는 것을 그만둘 수 있었던 것이다.

하나님은 내 안에 정말로 아주 필요한 일들을 하시는 중이었고 나는 오랜만에 일상생활이 기쁘고 만족스럽게 변한 것을 알 수 있었다.

거절하는 법을 배운 것이 내 삶의 전환점이었다는 것은 의문의 여지가 없다. 오랜 세월이 흐른 지금도 그 기쁨은 남아 있다. 게다가 그 기쁨은 세월과 함께 더욱 성장하였다.

그리고 나는 그 고통스러웠던 경험을 통해 거절하는 법을 배우는 것이 중요하다는 것을 가르쳐 주신 하나님께 감사드린다. 그것은 내게 많은 도움을 준 교훈이다. 그리고 놀랍게도 이전에 내가 거절해야만 했던, 바로 그 일 중의 몇 가지는 내 삶의 새로운 시기에 적절하게 다시 찾아왔다. 만약 여러분도 나처럼 너무 바쁜 생활에 빠져 있다면 예수님을 거울삼아 보라고 권하고 싶다.

복음서들을 보면 예수님도 거절의 중요성을 아셨던 분으로 나와 있다. 예수님은 요구와 부탁을 거절하셨던 때가 있었다. 군중을 거절하시고 제자들과 홀로 계시기 위해 떠나셨고, 하나님께 기도하기 위해 제자들을 떠나시기도 했다.

예수님은 당신의 삶에 대한 인도와 나아갈 길을 하나님께 의지하셨다. 그리고 당신의 시간과 에너지와 도움을 구하는 다른 모든 것들을 뛰어넘어, 그 한 목소리를 들으시려고 귀를 기울이셨다.

우리도 그래야만 한다. 예수님도 가까운 사람들이 곤경에 처했을 때 당신의 시간을 더욱 중요하게 생각하셨다. 더욱 귀중한 일을 하기 위한 시간이 필요했던 것이다.

예수님은 헤롯왕이 사촌 요한을 참수하기 전에, 수감 중이던 그에게 가지 않으셨으며 나사로가 아파서 죽어갈 때 그의 옆에 있어 달라는 마리아와 마르다의 요청도 들어주시지 않았다(여러분은 마르다가 방안을 왔다갔다하며 다음과 같이 중얼거리는 것을 상상할 수 있을 것이다. "우리가 가장 필요로 할 때 예수님은 도대체 어디에 있는 거야?").

그러므로 우리도 예수님처럼 모든 다른 목소리를 뛰어넘어 한 목소리에 귀를 기울여 하나님께 모든 초점을 맞춰야 한다. 하나님이 일상에서 우리를 인도하시도록 해야만 한다.

그렇게 하기 위해, 하나님을 긍정적인 태도로 섬기기 위해 다른 사람들에게는 기꺼이 거절하는 중요한 교훈을 배워야만 한다. 그럴 때라야만 주님께서 나사로의 부활에서 마리아와 마르다에게 사랑을 넘치도록 베푸셨던 것처럼 우리를 통해 더 위대한 섭리를 행하실 수 있을 것이다.

내가 진정으로 변화되었던 일

2

바버라 부시

우리는 누구나 남에게 베풀 수 있는 힘이 있다

조지 부시 대통령과 아들 조지 W 부시 대통령을 백악관에 입성시켰으며 미국의 어머니로 칭송받는 미국 38대 퍼스트 레이디인 바버라 피어스 부시 여사는 실업계와 공직에서 남편의 다채로운 경력과 위상에 조금도 손색이 없는 삶을 살아왔다.

1945년 결혼한 이후로 부시 부처는 17개의 도시에서 29채의 서로 다른 집들에서 살아왔다. 부시가 국회의원, 유엔 상주대사, 공화당 전국위원회 의장, 중국 주재 미국 연락사무소 소장, CIA 국장 그리고 미국 부통령과 대통령을 역임하는 동안 그들 부부는 진정으로 대중에 봉사하는 사람들로 인정받았다.

부시 여사는 특히 '문맹 퇴치'에 심혈을 기울여 왔으며 미국의 모든 가정의 문맹 퇴치를 도모하였으며 세대간의 문맹 연결고리를 끊는 단체인 '탈 가족 문맹화 바버라 부시 재단'의 명예 이사장으로 일하고 있다.

그녀는 특히 자원 봉사자, 지역 사회 그리고 학교들의 단체 자원봉사 활동을 후원하고 있으며 교육, 문맹 퇴치, 학습 불능, 아동 학대, 기아, 건강, 입양과 관련이 있는 그 밖의 많은 단체와 위원회, 재단과 그룹의 명예회장으로도 봉사하고 있다.

그녀는 이러한 문제점들에 대한 일반 국민의 보다 광범위한 자각을 돕고 효과적인 해결책을 모색하려는 많은 국내단체들도 후원하고 있다. 퍼스트 레이디가 된 이후로 부시 여사는 노스캐롤라이나주 그린즈 모로의 베니트 대학, 매사추세츠주 노샘프턴의 스미스 대학, 조지아주 애틀랜타의 모어하우스 의대를 포함한 여러 대학에서 인문학 명예 박사학위를 받았다.

부시 여사는 다섯 명의 자녀와 열두 명의 손자를 두고 있는 할머니다. 스포츠 광이며 독서, 원예 그리고 가족과 함께 지내는 것을 좋아한다.

부시 부처는 임기 첫 해에 '전국 기도의 날'을 축하하기 위해 백악관 스테이트 다이닝룸에서 '전국 기도 위원회'에 조찬을 베풀었다. 그들 부부는 1990년의 명예 공동위원장이었다.

부시 여사는 인세 수입을 '전국 기도의 날' 위원회에 기증하려는 이 책의 원고를 청탁했을 때 가장 먼저 응한 사람이었다.

나는 그가 미국의 가장 뛰어난 퍼스트 레이디 중 한 사람으로 역사에 남게 되리라 믿는다(바버라, 미국은 당신을 사랑합니다.)

이 글을 통해 우리는 다른 사람에 대한 그의 따뜻한 배려와 함께 그의 참신한 인생관도 접할 수 있다.

매우 명철한 사람으로 알려진 나의 남편 조지 부시 대통령은 미국 시민들에게 서로에 대해 마음의 문을 열도록 호소했다. 자신은 그런 열린 마음으로 인생을 살아왔으며 "앞으로 성공적인 삶에 대해 어떤 정의를 내리든지 다른 사람들에 대한 봉사가 반드시 포함되어져야만 한다."고 어떤 연설에서 말하면서 그 사실을 자신의 대통령직 수행의 중심 테마로 정했었다.

그러므로 조지 부시와의 결혼생활을 통해 내가 가장 중요한 교훈이라고 생각하는, 삶이 우리에게 베푸는 가장 큰 보상은 다른 사람을 배려하고 함께 나누는 것이라는 사실을 배운 것은 어쩌면 당연한 일인지도 모른다.

그 교훈은 때로는 내 삶의 크고 의미 있는 사건들을 통해, 더 빈번하게는 즉석에서 하는 말이나 악수와 같은 사소한 일상사들을 통해 내가 꼭 배우지 않으면 안 되는 교훈이었다. 나는 여러분과 몇 가지 그런 사건들에 대해 이야기를 나누고 싶다.

1953년에 조지와 나는 텍사스 주 미드랜드에 살고 있었다. 우리는 세상의 정상에 올라 있다고 생각했다. 우리는 젊었고 정력과 야망으로 가득 차 있었으며 우리 앞에는 무한한 가능성이 펼쳐져 있었다. 조지는 오랜 시간을 열심히 일하여 석유 사업에서 자리를 잡아가고 있었고, 나는 아이들을 낳고 기르느라 바빴다. 그때는 모든 것이 더할 나위 없이 완벽했다.

그러던 어느 날 갑자기 우리의 세계는 산산조각이 났다. 어느 화창한 봄날, 의사는 우리의 소중한 세 살배기 딸 로빈에게 백혈병이라는 선고를 내렸다. 용감한 투병생활과 많은 의사들의 노력에도 불구하고 로빈은 7개월 만에 죽었다.

어린 딸의 병과 죽음은 내 삶에서 가장 힘든 시기 중의 하나였다. 딸의 죽음으로 인해 내 자신의 마음과 정신이 어떤 식으로 치유될 것인지 모를 정도로 고통스러웠다.

그러나 하나님에 대한 강한 믿음과 훌륭한 가족, 친구들 덕분에 우리 부부는 극복해 나갈 수 있었다. 우리가 어디를 향하든 좋은 친구들과 가족들의 도움의 손길이 있었으며 낯선 사람들인 의사들, 간호사들, 병원의 자원 봉사자들도 우리의 고통을 알고 도움의 손길을 내밀어 주었다.

그들 대부분은 하나님의 사랑을 진정으로 알고 실천하는 사람들이었다. 이때부터 나는 사랑의 힘이 단순한 선의에서 나오는 것이 아니라 하나님의 큰사랑의 깨우침이 없이는 불가능하다는 것을 알았다.

하나님은 그들을 통하여 다른 사람을 돕는 것이 내 자신을 돕는 최선의 길이라는 것을 깨닫게 해주셨다.

조지와 나는 자원봉사 활동과 공익사업에 헌신하고는 있었지만 내 딸 로빈이 죽은 후에야 비로소 나는 자원봉사 활동에 진심으로 투신할 수 있었다. 그 소중한 어린 딸은 우리 가족에게 위대한 유산을 남기고 갔다.

나는 조지와 내가 로빈 덕분에 모든 살아 있는 사람들을 더 사랑한다는 사실을 알았다. 우리는 도움의 손길의 중요함을 직접 체험으로 배웠다. 왜냐하면 다른 사람들이 우리가 힘들 때 도움의 손길을 내밀었기 때문이다.

그 이후로 내가 만나는 훌륭한 사람들에 의해 봉사활동과 배려정신에 대한 나의 강한 믿음은 매일 더 깊어져 갔다.

우리는 일명 '말없는 영웅들', 즉 다른 사람들의 보다 나은 삶을 위하여 화려한 무대 뒤에서 묵묵히 일하고 있는 많은 사람들을 결코 신문 1면의 톱기사에서 보거나 저녁뉴스에서 만날 수는 없다.

그러나 그들은 바로 이웃에 살거나 예배 중에 우리 옆에서 무릎을 꿇고 기도하는 사람들이다. 또 우리의 자식이나 손자들과 함께 학교에 다니는 자녀들이 있는 사람들이다.

그들은 집이 없는 사람들에게 숙소를 제공하거나 에이즈 바이러스로 고통받는 아기들을 자신의 품에 안는 사람들이다.

그들은 병원과 요양소의 자원봉사자들이며 학습에 어려움을 겪는 아동들과 읽고 쓰기를 전혀 배우지 못한 성인들의 개인교사로 일한다.

또한 그들은 아기를 갓 분만한 산모를 위해 함께 모여 식사를 준비하고, 정의로운 대의명분 실현에 필요한 기금을 마련하는 재능 있는 모금자들인 이웃집 여성들이다. 또 1주일에 한 번씩 시내의 무숙자 보호소에서 치즈 샌드위치를 만드는 초등학교 4학년 학생들이다.

사람들이 더 나은 사회를 위해 자신들이 도울 방법과 할 수 있는 일들을 물어올 때(그러나 너무도 많은 사람들이 시간이나 재능이나 재원을 갖고 있지 않다고 걱정한다), 나는 이 모든 '말없는 영웅'들에 대해 말해주곤 한다. 그런 면에서 내가 좋아하는 사람들은 개인적으로는 잘 알지 못한다.

얼마 전에 보스턴에 있는 어떤 학교를 방문하던 중에 나는 한 맹인이 두 명의 어린 소년에게 읽는 법을 가르치고 있는 것을 보았다. 나는 결코 그를 잊지 못할 것이다—그리고 여러분도 잊지 않기를 희망한다. 왜냐하면 나는 그 짧은 만남으로 인해 삶의 가장 중요한 교훈을 아주 특별한 방법으로 다시 깨닫게 되었기 때문이다—나는 남을 배려하는 마음과 함께 나누는 것이 가장 소중한 것이며 우리는 누구나 베풀 수 있는 것을 갖고 있다는 것을 깨달았다.

그리고 우리의 풍성하고 나눔이 있는 삶이 진정한 하나님의 사랑 안에서만 가능하다는 것을 배웠고 그런 삶을 살려고 지금도 부단히 노력하고 있다.

앤 키멜 앤더슨

생모가 서로 다른 네 아들의 어머니가 되기까지

앤 키멜 앤더슨은 여러분이 언젠가 만나게 될 가장 유쾌한 사람들 중 한 사람이다.

그녀는 교사와 청소년 지도자, 그리고 여자대학의 학장을 역임했으며 12권의 책을 저술했다. 현재는 집필과 이웃간의 사랑 프로젝트들과 마라톤 경주와 전 세계적으로 교회와 시민단체에서 생동감 넘치는 고무적인 강연을 하고 있다.

그녀는 전혀 만난 적이 없는 한 영혼 한 영혼에게 도움의 손길을 뻗쳐 그 자신의 세계와 더불어 우리의 세계를 변화시키고 있다.

앤은 한때 독신의 전문직 여성으로 지내며 자신의 삶을 함께 나눌 수 있는 의미 있는 길을 추구하였으며 완벽한 삶을 위해 남편이 있어야만 한다고는 결코 생각하지 않았다. 그러나 하나님의 섭리는 시작되었고…….

이제 여러분은 그녀의 나머지 이야기를 듣게 될 것이다.

내가 어린 소녀였을 때, 매일 부모님은 우리가 예수님께 드리는 것은 무엇이든 예수님이 보상해 주신다고 말씀하셨다.

다시 말해 우리가 시간을 드린다면 예수님이 그 시간을 보상해 주신다는 것이다.

그런데 내가 지금까지 배운 것 중에 가장 위대한 교훈은 기다리는 것을 배우는 것이었다.

어렸을 때, 나는 세상 사람들의 눈에 아주 하찮은 존재였다. 아버지는 목사이셨고 우리는 교회 뒤의 조그만 아파트에서 살았다.

우리의 욕실은 모두가 함께 사용하는 남녀 공용 화장실이었으며, 아버지의 차는 아주 고물이어서 우리는 그것을 캐리올(말 한 필이 끄는 마차)이란 별명으로 불렀다.

어릴 때 공부하는 것과 피아노 치는 일에 신동이셨던 어머니는 옷가게에서 값비싼 아동용 원피스들을 유심히 살펴보시고는 우리에게 똑같은 것을 만들어 입히시곤 하셨다.

유명한 목사들과 강연자들이 우리의 교회를 방문하곤 했고, 예배가 끝난 후에 나는 감사를 표하기 위해 매우 부끄러워하는 자세로 그들에게 다가가곤 했다. 그러나 그들은 나는 안중에도 없고, 언제나 대화를 나눌 더 중요한 사람들을 찾아 항상 주위를 두리번거렸다.

그처럼 아무도 나에 대해서 실제로 알지 못했다. 그리고 내 가족 말고는 나를 칭찬하는 사람은 아무도 없었다. 나는 평범한 아이였으며 하나님의 나에 대한 위대한 사랑도 오직 시간이 흘러야만 알 수 있는 것이었다.

나는 결혼하는 데 35년을 기다렸다. 나의 남편인 윌은 10년 동안 매일 밤 아내가 될 사람을 만나게 해달라고 기도했고 38살이 될 때까지 결혼하지 않았다. 그는 아이다호주 남동쪽에 큰 목장을 갖고 있었으며 나는 보스턴에 있었다. 우리가 함께 하는 데는 오랜 세월과 여러 기적들이 필요했다.

지금 나는 윌 없는 삶은 생각할 수도 없다. 오, 만약 내가 하나님께 조바심을 내고, 서둘러 누군가 다른 사람과 결혼했더라면 너무도 많은 모험과 즐거움들을 경험하지 못했을 것이다.

윌은 대학 때 사랑에 빠졌었던 매력적이며 거의 완벽했던 아가씨에 관해 이야기해 주었다. 그는 그녀를 만나러 가기 위해 차를 새로 사기까지 했다고 한다. 그는 하나님을 안 지 얼마 되지 않았었고 그녀도 하나님을 알게 되기를 원했다.

그녀가 결국 예수를 믿지 않는 것을 알고 윌은 차에 올라타고는 한 번도 뒤돌아보지 않고 그녀를 떠났다.

그는 내게 수없이 다음과 같이 말하곤 했다.

"여보, 당신은 정말로 내게 완벽한 여성이야. 내가 기도하며 기다렸던 것이 이토록 큰 응답으로 다가올 줄이야! 너무 행복하고 기뻐!"

윌의 어머니이자 나의 시어머니인 조 앤더슨은 남편이 암으로 세상을 떠난 후에도 고향의 크고 넓은 집에 혼자 남아 계셨다.

시어머니는 중학생들을 가르치셨다. 나는 그녀가 가르칠 수 있는 모든 과목들을 가리지 않고 정성을 다해 가르치셨다고 믿고 있다. 시어머니는 나이에 비해 재기가 넘치고 아주 세련된 분이시다.

자식들은 그녀가 적당한 결혼 상대자가 있는 캘리포니아주나 플로리다주 혹은 텍사스주 같은 곳에서 사시도록 계속하여 권했다. 그러나 시어머니는 12년 동안 고향에 머무르셨고, 그 기간 동안 그녀에게 데이트 상대가 있었는지 우리는 잘 알 수 없다. 아이다호 폴즈에는 초로의 멋진 독신 남성들이 많지 않았기 때문이다.

어느 날 갑자기 시어머니는 세계적으로 잘 알려진 심리학자이며 강연자인 헨리 브렌드트 박사로부터 전화를 받았다. 이미 다 컸지만 세 아이의 어머니였던 헨리 박사의 첫번째 아내는 암으로 사망했다. 헨리보다 훨씬 더 젊고 활기 넘치던 두번째 아내도 어느 날 갑작스럽게 사망했다.

헨리는 17년 전에 자신이 강연했던 댈러스의 한 집회에서 윌의 부모님을 만났던 것을 기억하고 있었다. 그는 앤더슨의 아름다움과 따뜻한 마음씨를 잊지 않고 있었기 때문에 아이다호 폴즈에 살고 있는 그녀에게 전화를 한 것이다.

많은 독신 여성들이 핸섬하면서 경제적으로도 안정되어 있고 건전한 크리스천이기도 한 헨리와 사귀고 싶어했으나 하나님은 그의 마음속에 조에 대한 사랑을 불어넣으셨다.

그녀는 조급해하지 않았다. 그녀가 한 일은 오직 하나님의 완전한 타이밍을 기다린 것뿐이었다. 이처럼 기다린다는 것은 중요한 일이다. 그리고 하나님이 하시고자 하실 때에는 어느 것과도 바꿀 수 없는 매우 강력한 힘이 있다.

플로리다의 한 부부는 10년 동안 아이를 갖기 위해 기도했다. 그들은 불임이었고 진정한 가족을 이루기를 소원했으나 결코 입양 알선 기관에 찾아가고 싶어하지는 않았다.

한편 나는 지도상으로 반대쪽에 있는 콜로라도주 덴버의 한 전국 여성집회에서 강연을 하고 있었다.

나는 불임에 대한 주제의 강연을 한 후 높은 의자에 앉아 길게 줄지어 서 있는 여성들에게 책에 사인을 해주고 있었다. 나는 당시 아이다호 폴즈의 한 가족과 함께 일하고 있었는데, 그 가족의 큰딸이 16살인데 임신을 했고 전 가족이 그 아기를 입양시켜야 한다고 생각하고 있었다.

이 임신한 소녀는 미혼모들을 위한 수용소에 머무르기 위해 플로리다로 가려던 중이었으며, 나는 플로리다주에서 태어난 아기는 다른 주로 입양될 수 없다는 것을 알고 있었다. 그 몇 주일 전부터 나는 하나님께서 아기를 위해 멋진 부부를 보내주시도록 기도해 오고 있었다.

그때 눈매가 맑고 마음이 따뜻해 보이는 키 작은 여성이 사인 행렬에 서 있었는데, 어쩐지 내 눈에 띄게 되었다.

"책에 제 딸을 위해 사인해 주시겠어요? 제 딸도 당신이 말한 불임 사례를 많이 알고 있어요. 우리는 오랫동안 딸 부부에게 아기가 생기기를 하나님께 기도해 왔답니다."

한 가닥 전율이 나의 척추를 타고 올라왔다. 기대감이었다. 나는 즉시 물어보았다.

"그녀는 어디에 살죠?"

"플로리다에요."

"제 생각엔 그들을 위한 아기가 준비돼 있을 것 같아요!"

그렇지만 나는 그들이 신뢰할 만한 사람들인지, 예수님에 대한 강한 믿음을 갖고 있는지, 정서적으로 건전한 사람들인지, 결혼생활에 충실한지에 대해 전혀 모르고 있었다.

나는 단지 하나님에 대한 믿음을 가지고 내가 그 말을 했다는 것만을 알았으며, 그들 부부가 이 아기에 대한 완벽한 가족으로서 내 기도가 응답 받았다고 생각했다.

아이다호 가족은 딸과 함께 플로리다로 가서 딸이 수용소에 들어간 것을 본 후에 그 유쾌하고 헌신적인 부부를 만났다. 아이다호 가족도 나처럼 그들 부부가 아기를 위해 완벽하다고 느꼈다. 놀라운 점은 양모가 생모를 닮기까지 했다는 점이다.

현재 그 귀여운 여자 아기는 두 살이 되었다. 아기의 생모는 고등학교에서 최고의 치어리더였고 우등생이었다. 한때 아이가 없던 부부는 그들의 어린 딸과 함께 플로리다에 살고 있으며, 하나님께서 자신들의 기도에 대해 제 시간에 완벽하게 응답해 주셨다는 것을 확실히 믿고 있다.

많은 미혼모들이 나의 가장 최근의 책인 〈편견 없는 양자 결연, 나의 사랑과 웃음의 이야기〉를 읽고 나를 찾아왔다. 나의 네 아들도 책을 읽은 그 미혼모들이 준 선물이다.

내 삶의 전체를 통하여 근원적이면서 가장 중요한 꿈은 엄마가 되는 것이었다. 나는 결코 작가나 강연자가 되고 싶은 야망은 없었다. 대학 다닐 때 나의 목표는 학위를 취득하고, 어쩌면 대학원까지 마치고 난 뒤 크리스천 독신 여성으로서 세상에 어떤 기여를 하는 것이었다. 그러나 그 모든 것의 내면에는 하나님이 내게 강한 남자와 아이들을 주실 것을 갈망하였다.

하나님을 깊이 따르는 독실한 남성을 너무도 오랫동안 기다려왔기 때문에 나는 솔직히 하나님이 즉시, 그리고 쉽게 아이들을 주실 거라고 생각했다.

35살이 되자 나는 당장 엄마가 되고 싶었다. 그러나 하나님은 삶의 중요한 이슈인 '하나님께 시간을 드리는 것'에 대해 내가 좀 더 많은 것을 다시 배우기를 원하셨다.

나는 유산성 체질이라는 것을 알게 되었고 여러 번 유산을 하게 되었다. 나는 임신하고 있지 않은 동안 늘 깊은 절망과 증오 속에 살았다.

첫번째 입양 제의는 윌의 반대로 실현되지 않았다. 그의 의견을 따르는 것이 고통스러웠다. 두번째 입양 제의는 우리가 아기를 데려오기 위해 미 대륙을 가로질러 찾아갔으나 실현되지 않았다. 그런데 그 어린 임산부가 마음을 다시 바꿔 우리가 있는 아이다호 폴즈로 찾아와 주었다.

우리는 그녀의 진통에 참여하게 되었고 출산을 지켜보았다. 그녀는 그 고통을 경험한 후에 첫 남자 아기를 건네주었다. 나는 비로소 웃을 수 있었다. 그 동안의 모든 상실과 기다림들이 너무도 중요해졌다. 왜냐하면 그 덕분에 우리는 타일러라는 아이를 갖게 되었고, 이제 그가 없는 우리의 삶은 생각할 수도 없기 때문이다.

타일러가 8개월이 되었을 때, 나는 쌍둥이를 임신했다. 우리 친자식이라도 타일러보다 더 사랑할 수는 없겠지만 타일러는 형제를 갖게 되는 것이고 우리는 황홀할 정도로 행복했다.

윌이 어떤 일 관계로 다른 도시로 여행하고 없던 어느 아주 춥고 을씨년스러운 밤에 나는 쌍둥이를 유산했다.

윌은 다음날 집에 돌아와 나를 위로하며 일깨워주었다.

"앤, 예수님은 더 나은 것을 돌려주시는 경우 외에는 결코 어떤 것이든 빼앗아 가시지 않소. 예수님께 시간을 드립시다."

5주 후에 우리는 아름다운 둘째아들인 브록의 탄생을 지켜보기 위해 동부 해안 출신의 매력적인 생모와 함께 진통과 출산을 함께 하고 있었다. 브록은 타일러보다 11개월 어리다.

현재 우리에게는 어린 네 아들이 있다. 그들은 모두 생모가 다르지만 완벽하게 하나님이 섭리해 주셨고 우리에게 매우 적합한 가족 구성원이 되었다.

나이는 다섯 살, 네 살, 23개월, 16개월이다. 그들은 진실로 서로에게 속해 있다. 그들은 윌과 내가 낳을 수 있었던 어떤 아이들보다 더 훌륭하다.

우리는 오랫동안 기다렸으나 생각해 보면 우리 각자가 홀로 섰던 그 시간들이 얼마나 귀하고 소중한가를 이해하였으며, 다양한 경험들로 인해 우리의 삶이 더욱 풍요로워짐에 감사한다.

다양한 경험들로 인해 깊이 있게 아이들을 가르칠 수 있기 때문이다.

그렇다! 내가 이제까지 배운 것 중에서 가장 위대하며 동시에 가장 힘든 교훈인 '예수님께 시간을 드려라' 하는 것이다. 그것이 이젠 내 이마와 마음속을 가로질러 각인되어 있다. 그 인내와 결의로 다져진 세월 속에서 그것이 잘 훈련되어 있음을 깨닫는다.

내가 깨달은 것은 마라톤을 위해 훈련중이거나 책을 집필중이거나 결혼을 기다리는 중이거나 모든 의미 있는 것은 어떤 것도 하룻밤에 이루어지지 않는다는 것이다. 그것은 시간이 필요하다. 그리고 그 기다림 속에 하나님의 뜻을 기대하고 기도하는 것은 더욱 중요한 일이다. 그것 속에 바로 하나님이 주시고자 하는 것들이 포함되어 있기 때문이다.

바로 여러분이 천국을 향해 좁고 힘든 길을 달려갈 때, 앤이란 이름의 한 작은 여성이 여러분의 손을 잡고 있다는 것을 기억하기 바란다. 그리고 예수님이 우리의 오른팔이 되어주심을 믿기 바란다. 여러분이 사막이나 골짜기를 통과할 때 '태양은 항상 다시 빛날 것이다'라는 것을 말이다.

다음의 성경구절은 그러한 삶에 더욱 큰 힘이 되어 줄 것이다.

"너는 마음을 다하여 여호와를 의뢰하고 네 명철을 의지하지 말라. 너는 범사에 그를 인정하라. 그리하면 네 길을 지도하시리라(잠언 3장 5~6절)."

니 베일리

내가 진정으로 변화되었던 일

뉴올리언스에 있는 입양기관의 전직 생활 환경 조사원이었던 니 베일리는 거의 30년 동안 '그리스도를 위한 대학십자군(Campus Crusade for Christ)' 스태프의 일원이었다. 현재 그녀는 이 선교활동 단체를 대표하여 전 세계를 방문하고 있다.

애리조나 대학 캠퍼스에서 근무한 후에 '대학십자군'의 인사부를 설립하여 6년 동안 관리한 그녀는 대학캠퍼스와 주말 집회, 수양회 그리고 시민단체 등에서 광범위하게 강연해 왔다. 또한 의원 부인들과 대사들 그리고 외교관들에게도 강연해 왔다.

또 '대학십자군 졸업생 성직활동(Campus Crusade's Alumni Ministry)'이 창설한 '대학십자군 가족 성직활동(Campus Crusade's Family Ministry)'과 '키스톤 케이퍼 독신자협회(Keystone Kaper Singles' Conference)'를 설립하는 데 참여했으며 '성경연구 전문학교(Institute of Biblical Studies)'의 교수로 일해 왔다.

또한 찰스 R 스위돌 박사의 선교활동 단체인 '삶에 대한 통찰력(Insight for Living)'의 임원진에서 일하고 있다.

그녀는 세계의 여류명사 명단에 올라 있으며 베스트셀러 〈신앙은 감정이 아니다(Faith is Not a Feeling)〉의 저자이기도 하다.

인내심 있는 경청자이며 현명한 상담자이고, 탁월한 강연자라고 일컬어지는 그녀는 청중이 한 사람이든 수천 명이든 관계없이 그들과 언제나 일체감을 갖는 능력이 있다.

키가 겨우 1미터도 안 되는 나는 시립수영장의 가장자리에 서 있었다.

"뛰어내려, 니 앤!"

아버지가 팔을 앞으로 내밀며 부드럽게 달래셨다.

"내가 붙잡을 거야!"

수영장에서 아버지가 서 있는 곳의 물은 내 머리를 넘는 곳이었고 나는 그곳에 뛰어든다는 생각에 몸이 돌처럼 굳어 있었다. 나는 떨면서 소리쳤다.

"안 돼요, 할 수 없어요."

"아냐, 넌 할 수 있어."

아버지는 큰소리로 말씀하셨다.

"뛰어내려, 그러면 내가 널 붙잡을게!"

결국 나는 뛰어내렸다. 내 머리는 물 속으로 곤두박질쳤고 물을 푹푹 내뿜으며 몸부림치면서 물위로 올라왔다. 아버지는 그곳에 안 계셨던 것이다. 아버지는 내가 아버지 쪽으로 헤엄쳐 오기를 원하시며 물 속에서 뒤로 물러나 계셨다.

나는 울기 시작했다.

"아빤 움직였어요! 그렇게 하지 않겠다고 하고선!"

아버지가 웃으시는 소리가 들렸다.

"니 앤, 넌 아무 것도 아닌 일에 걱정한 거야. 아빠가 너한테 아무 일도 일어나지 않게 할 거란 것을 알고 있잖아. 나는 단지 너에게 수영을 가르치려고 하는 거야."

그 경험은 나의 여리고 어린 마음에 치유할 수 없는 상처를 입혔다. 나는 어린아이가 가질 수 있는 최대한의 신뢰감으로 아버지를 믿었다. 그러나 아버지는 나를 붙잡겠다고 말씀하시고는 약속을 지키지 않으셨다. 아버지는 내가 물 속에 빠지도록 내버려두신 것이다.

그 경험을 시작으로 아버지에 대한 내 감정의 골은 성장해 가면서 점점 더 깊어져 가게 되었다.

나는 우리가 가장 사랑하는 사람들에 의해서 가장 깊은 상처를 받는다는 것을 깨닫기 시작했다. 그리고 그 상처들로 인해 자주 가족간의 유대가 무너지게 된다는 것도 알게 되었다.

일단 상처 입은 관계들은 치유하기가 무척 어렵다. 나의 감정과 태도를 더욱 얼어붙게 만드는 많은 다른 경험들로 인해 아버지에 대한 나의 적개심은 더욱 깊이 뿌리를 내리게 되었고 대학에 입학할 무렵에는 그 뿌리가 완전히 성장해 있었다.

그 후 나의 적개심은 미묘한 반항으로 바뀌었다. 나는 '아버지는 아버지의 길을 가고 나는 내 길을 가면 되는 거야. 아버지가 나를 귀찮게 하지 않으면 나도 귀찮게 하지 않을 거야.' 라고 생각했다.

만약 아버지가 내게 소리치면, 나는 나도 되받아 소리 지를 수 있으면 얼마나 좋을까 하고 생각했다. 만약 아버지가 나를 무시하면, 나도 아버지를 무시했다. 만약 아버지가 내 감정에 상처를 주면, 나도 아버지의 감정에 상처를 입히려고 했다. 나는 내 생각으로 아버지에게 합당한 대우를 하려고 했다.

나는 15살 때 예수 그리스도를 나의 구세주로 영접했다. 그러나 대학을 졸업하고 뉴올리언스에서 근무하고 난 후에야 비로소 나는 진심으로 내 삶을 그리스도에게 헌신할 수 있었다.

나는 25살 때 '대학십자군'의 스태프가 되었다.

내가 성인이 되었을 때, 아버지와의 관계는 적개심이 공공연하게 드러나지는 않았지만 따뜻함과 이해심은 결여되어 있었다.

우리는 겉으로 예의를 지키며 서로의 길을 갔다. 나는 죄의식이나 상실감을 느끼지 않았으며 아버지도 마찬가지셨을 거라고 확신한다.

그 후 내가 하나님에 대한 '믿음'을 갖게 되면서 나와 아버지의 관계가 개선되는 계기가 마련되었다.

어느 해 여름 나는 로마서 수업을 받고 있었다. 내 연구과제의 하나는 로마서를 통독하여 바울이 믿음에 관해 말한 것을 모두 알

아내는 것이었다.

그런데 로마서의 여러 장을 읽어나가는 동안 '믿음' 이란 단어가 너무 많이 나와서 거의 셀 수도 없을 정도였다. 나는 그 단어를 깊이 음미하면서 자문해 보았다.

'믿음이란 무엇일까? 믿음은 아마도 내 삶에서 가장 중요한 요소인 것 같은데 그렇다면 그것을 어떻게 정의해야 할까?'

나는 하나님께 물어보았다.

"하나님! 하나님은 어떻게 정의하시겠습니까?"

그 순간, 내 머리 속에 예수님이 누군가에게 말씀하셨던, "나는 이스라엘에서조차도 그런 위대한 믿음을 찾지 못했다"라는 말씀이 떠올랐다. 나는 매우 호기심이 나기 시작했다. 예수님 자신이 '위대한 믿음' 이라고 하셨던 것은 도대체 무엇 때문이었을까?

나는 재빨리 누가복음 7장의 2절을 찾아보았다. 거기서 나는 예수님은 위대한 믿음을, 단지 예수님이 말씀하시는 대로 기꺼이 믿는 사람이라고 하신 것을 발견하였다.

나는 그러한 정의가 성경의 다른 장들에도 적용될 수 있는지 궁금했다. 많은 사람들이 히브리서 11장이 종종 유명한 '믿음장' 이라고 언급하고 있기 때문에 나는 그쪽으로 방향을 잡아보았다.

예를 들어 하나님은 노아에게 방주를 건조하라고 말씀하셨을 때 노아는 하나님 말씀을 그대로 믿고 방주를 건조했다. 히브리서 11장 7절은 그렇게 해서 시작된다.

"믿음으로 노아는……."

11장을 통틀어 모든 사람들이 상황에 관계없이—논리와 이성으로서는 이해할 수 없는데도 불구하고, 자신들이 어떤 감정인지조차도 상관없이—하나님을 믿고 말씀을 그대로 받아들여 순종하는 것을 알 수 있었다. 그때쯤 내 연구과제는 원래 생각했던 것보다 훨씬 더 흥미로워졌다.

나는 이 구절들에서 관찰한 모든 것을 기초로 하여 단순하면서도 실현 가능성이 있는 믿음의 정의에 도달할 수 있었다.

나는 내 연구과제인 로마서에 있는 '믿음'에 관한 모든 것들을 알아내는 작업을 끝마칠 수 있을지는 확신할 수 없었지만, 그러나 마음속으로 나는 하나님을 깊이 신뢰하면서 매우 의미있는 무엇인가를 배웠음을 알 수 있었다.

그러나 의문이 하나 더 있었다.

만약 믿음이 하나님 말씀을 그대로 믿는 것이라면, 하나님은 당신의 말씀에 대해 뭐라고 말씀하셨을까? 나는 그 해답을 성경 자체 내에서 찾아낼 수 있었다.

"오직 주의 말씀은 세세토록 있도다(베드로전서 1장 25절)."

"풀은 마르고 꽃은 시드나 우리 하나님의 말씀은 영영히 서리라 하라(이사야 40장 8절)."

"천지는 없어지겠으나 내 말은 없어지지 아니하리라(마태복음 24장 35절)."

나는 인생의 모든 것은 변할 수 있으나 하나님의 말씀은 영원히 남는다는 것을 알게 되었다. 그것은 다음의 것들을 의미하였다.

- 하나님의 말씀은 내가 느끼는 어떤 것보다 더 진실하다.
- 하나님의 말씀은 내가 경험하는 어떤 것보다 더 진실하다.
- 하나님의 말씀은 앞으로 내가 직면할 어떤 상황보다 더 진실하다.
- 하나님의 말씀은 세상의 어떤 것보다 더 진실하다.

나는 믿음이란 감정이 아니라 하나님의 말씀을 그대로 믿는 우리의 선택이라는 것을 명확히 인식하기 시작했다.

결국 나는 평생 하나님의 말씀을 믿고 따르기로 서약했다.

나는 이것으로 내 삶이 얼마나 많은 영향을 받을 수 있을 것인가를 조금씩 이해하기 시작했고, 처음으로 육신의 아버지와의 관계에서 내 믿음이 끼칠 수 있는 영향에 대해 생각하기 시작했다.

나는 고린도전서 13장의 사랑의 특성으로 다른 사람들을 사랑해야 한다고 항상 들어왔었다.

누군가 내게 그 장의 '사랑'을 언급하면 언제든 자신의 이름을 넣어서 하나님의 사랑을 시험해 보라고 제안했다.

예를 들어 "나는 인내한다. 나는 온유하다. 나는 성내지 않는다……."

나는 그 시험에 실패했다. 그때 나는 요한일서 4장 16절에서 '하나님은 사랑이시다'라고 한 것을 기억했다. 그리고 고린도전서의 13장의 사랑이 무엇인가를 설명하고 있어서 나는 하나님의 이름을 '사랑'이라는 단어 옆에 두고 그것을 나 자신과 관련시켜 보기로 하였다.

- 나에 대한 하나님의 사랑은 온유하시다.
- 나에 대한 하나님의 사랑은 인내하신다.
- 나에 대한 하나님의 사랑은 성내지 아니하신다.
- 나에 대한 하나님의 사랑은 무례히 행치 아니하신다.
- 나에 대한 하나님의 사랑은 모든 것들을 포용하신다.
- 나에 대해 모든 것들을 믿으며
- 나에 대해 모든 것들을 소망하며
- 나에 대해 모든 것들을 참고 견디신다.
- 나에 대한 하나님의 사랑은 언제까지든 떨어지지 아니하신다.

나는 하나님이 나를 이런 식으로 사랑하신다는 생각에 압도되었다. 그리고 나는 하나님께서 나의 아버지도 이와 같은 식으로 사랑하신다고 생각하니 너무도 놀라웠다.

나는 생각했다.

'만약 하나님이 있는 그대로의 아버지를 사랑하신다면, 그러한 아버지를 내가 사랑하지 않는 나는 도대체 어떤 존재인가?'

나의 사랑은 아버지의 행동 여하에 따라 조건부적이었다. 나는 아버지가 변하시기를 계속 기다려 왔었다. 그리고 만약 아버지가 변하셨다면 나는 아버지를 다시 사랑하기 시작했을 것이다.

나의 사랑이 말했었다.

"아버지, 이것과 저것을 하신다면 아버지를 사랑할게요."

그러나 하나님의 사랑은 단순히 이렇게 말씀하셨다.

"나는 너를 그저 사랑한다."

사랑에 대해 '만약에'라는 것이 없었다. 내 마음에서 이러한 진실의 실체가 눈을 뜨기 시작했을 때 나는 눈물을 끊임없이 흘리며 산길을 따라 집으로 운전해 가고 있었다.

살아오면서 처음으로 나는 하나님의 말씀을 그대로 믿었으며, 있는 그대로의 아버지를 사랑하고 받아들이기로 결심했다.

집 가까이 있는 차도로 접어들었을 때, 나는 이 새로운 깨달음에 대해 감사드렸다. 마치 하나님이 내 삶에 새로운 무엇인가를 시작하시는 것처럼 느껴졌다. 그러나 나는 진짜 시험이 아직 남아 있다는 것을 알고 있었다.

어디서부터 시작해야 할지 모른 채, 나는 하나님이 아버지와의 관계를 개선할 수 있는 기회를 주시도록 기도하기 시작했다. 나는 그렇게 하는 것이 그리 어렵지 않았고, 그렇게 하고 싶은 기분이 들었으나 첫걸음을 내딛는 것이 필요했다.

그 다음에 가족들을 방문했을 때 나는 비평적이며 비판적이기보다는 사랑과 수용적인 태도로 바뀐 것을 알 수 있었다. 내가 아버지한테 다정하게 대하자 아버지도 내게 다정히 대하셨다.

아버지도 하나님의 성령이 내 안에서 역사하고 계신 것을 느끼셨음에 틀림없었다.

그 후에 내가 다음과 같이 생각했던 것을 기억한다.

'만약 아버지가 돌아가신다면 장례식에서 난 후회하게 될까?'

그 대답은 '그렇다'였다. 성장하면서 내가 저질렀던 불온한 행동들에 대해 아버지께 결코 용서를 빌지 않은 것을 후회할 것이었다.

그래서 나는 마음속으로 아버지께 용서를 빌기로 결심했다. 아버지 말씀을 빌리자면 당신 스스로 '완고한 변호사'이셨기 때문에 나는 아버지께 말하는 것이 매우 겁이 나기도 했다. 나는 땅에 엎드려서 하염없이 눈물을 흘리며 한 마디도 하지 못하는 나를 상상했다.

주말에 나는 집으로 갔다. 나는 풋볼 시합 중에 아버지께 말을 해서는 안 된다는 정도는 알고 있었다. 그래서 중간 휴식시간에 이어 어머니가 방을 나가실 때까지 기다렸다.

아버지와 나는 방에 단 둘이 있었다. 내가 아버지께 말했다.

"아버지, 제가 성장하던 때를 생각해 봤어요. 제가 얼마나 아버지께 애정도 없고 감사할 줄도 모르고 다정하지도 않았던지를요. 저를 용서해 주세요."

아버지는 나를 돌아보시고는 눈을 빛내시면서 말씀하셨다.

"아니."

잠시 멈추셨다가 덧붙이셨다.

"나는 그때 한 번을 제외하고는 아무 것도 기억나지 않는구나."

그리고 나서 아버지는 그 한 가지를 말씀하셨다. 나는 아버지의 용서가 중요했으므로 마음을 조리며 물었다.

"아버지가 기억하시는 것에 대해 용서해 주시겠어요?"

"그래."

아버지가 대답하셨다.

그 이후로 아버지는 이전의 그 어느 때보다 더 따뜻하고 친절하게 대해 주셨다.

수년 후 갑자기 아버지가 위독해지셨다. 나는 중환자실의 침대 곁을 떠나며 말했다.

"아버지, 제가 지금 나가고 브렌다(내 여동생)가 들어오게 해야겠어요. 지금 복도에서 기다리고 있거든요. 사랑해요, 아버지."

"나도 사랑한다, 얘야. 네가 여기에 있든, 복도에서 기다리든 말이다."

그 말씀이 아버지가 내게 하신 마지막 말씀이셨다.

며칠 뒤 가족이 장례식에 모였을 때 나는 바깥에 있는 관을 바라보았다. 나는 마음이 내키지 않았을 때 아버지를 용서하기로 결심했던 것을 기억했다. 나는 그곳에 앉아서 조금도 후회되지 않는 것이 너무도 기뻤다. 나의 유일한 후회는 좀더 일찍 그렇게 하지 못했다는 것이었다.

나는 상처받을 때 자신에게 다음과 같은 질문을 해야 한다는 것을 깨달았다.

"하나님의 상처가 내 상처보다 더 클까, 아니면 내 상처가 하나님의 상처보다 더 클까?"

그 선택은 오직 나의 몫이었다. 변명할 수 있는 것들은 많지만 용서할 수 없는 것들은 아무 것도 없었다.

누군가가 다음과 같이 말한 것을 기억한다.

"용서하는 것은 죄수를 석방하는 것인데, 결국 그 죄수는 자신이라는 것을 알게 된다."

내가 그리스도를 가장 많이 닮을 때는 완전할 때가 아니라, 용서할 때라는 것을 나는 알게 되었다.

아버지는 내게 결코 용서를 구하지 않으셨지만 하나님이 대신 용서를 구하셨고 그 사실이 훨씬 더 중요했다.

질 브리스코우

나는 성직활동을 하면서도 열등감과
비교의식에 사로잡혔었다

질 브리스코우는 자신의 재능과 가족, 그리고 성직활동을 훌륭히 해내고 있으며 조화롭고 건강한 사고방식을 가지고 있다. 그녀는 진실하고 실제적이며 현실적이고 다른 사람들의 경계심을 풀어버릴 정도로 정직하다.

잉글랜드의 리버풀에서 태어나 캠브리지의 호머턴 대학에서 교육받은 그녀는 남편인 스튜어트가 목회자로 있는 위스콘신주 워크샤의 엘름브룩 교회에서 여성 성직활동의 고문을 맡고 있다.

그녀는 또한 매스컴 선교활동인 '진리를 말하기(Telling the Truth)'를 주도하고 있다.

그녀는 딸 주디와 모녀 팀으로 함께 일하고 있으며 강연과 저술을 통해 적극적으로 성직활동을 하고 있다.

질은 많은 나라에서 강연해 왔고 20권 이상의 책을 저술했다. 그녀는 또한 '세계의 구원(World Relief)'과 '오늘날의 기독교 신앙(Christianity Today)'의 임원으로도 일하고 있다.

하나님에 대한 사랑으로 그녀는 어디를 가든 열등감에 차 있는 여성들이 그 감정을 극복하도록 돕고 있다.

그녀는 결코 할 수 없을 것이라는 부정적인 생각을 가진 사람들을 돕고, 결코 어떠한 것이 될 수 없을 것이라고 생각했던 사람들에게 용기를 가지고 그 일을 계속할 수 있도록 돕고 있다.

다음의 이야기에서 그녀는 자신감이 결여되었던 자신이 어떻게 그것을 극복하게 되었는지, 하나님이 그의 마음속에 어떻게 새로운 행복을 싹트게 해주셨는지를 밝히고 있다.

"나는 여왕과 차를 마셨어요."

그 아름다운 숙녀가 내게 말해 주었다.

"여왕 누구요?"

나는 농담조로 가볍게 물었으나 그가 누구인지 알고 있었다. 물론 우리들의 여왕인 엘리자베스다.

여성 수양회에서 나와 함께 강연하게 될 이 품위 있는 미국 여성이 영국 여왕과 가진 다과회에 관해 내게 이야기해 주고 있는 중이었다.

자세하게 그 일을 이야기한 후에 그녀는 '폐하'에게 하나님에 대해 실제로 말할 수 있었다며 다른 유럽의 수도에서 여왕과 나눈 또 하나의 회견 이야기를 해주었다.

빠른 속도로 우리를 수양회 장소로 데려다주고 있는 커다란 리무진 안에서 편하게 기댄 채 그 이야기를 들으며, 나는 차를 마시는 것은 물론이거니와 결코 개인적으로 여왕을 만나본 적이 없다는 것을 생각했다.

'아, 정말 굉장하지 않을까!'

나는 버킹검 궁전에 있는 아주 넓은 방의 거대한 샹들리에 아래서 회색 표지의 성경을 들고 서 있는 나 자신을 상상해 보았다.

나는 왕족들에게 아주 적절하게 상황에 맞는 말을 할 것이며 그곳을 완벽하게 제압할 수 있을 것 같았다.

나는 그 환상에 도취되어 왕실 근위병들이 궁 밖의 소형 경비초소에 서서 기도하는 동안, 검은 솜털 모자를 쓴 채 머리를 숙이고 있는 것을 상상해볼 수 있었다.

나는 다음과 같이 질문하는 그 아름다운 숙녀에 의해 현실로 돌아왔다.

"최근에 어딜 갔다 오셨어요?"

나는 완전히 할말을 잊고 그녀를 응시했다. 나는 자연스럽게 다음과 같이 말하고 싶었다.

"오, 워싱턴 DC요. 의원 부인들과 작은 성경연구 모임이 있었어요. 그 다음 주지사 맨션의 간단한 모임에 들르기도 전에 플로리다의 힐튼호텔로 갔어요!"

나는 그렇게 말하고 싶었으나 그럴 수 없었다. 왜냐하면 비록 그러한 초대들이 있기는 했으나 내가 거절했기 때문이었다.

아름다운 울트라 수에드(새끼 양이나 송아지의 속 가죽이나 이와 비슷한 부드러운 털로 된 직물) 숙녀들과 함께 하면서 나는 오래되고 낯익은 갈등을 다시 한번 느꼈다.

'나도 그녀를 닮고 싶어!'

울트라 수에드 숙녀들, 특히 울트라-울트라-수에드 숙녀들은 나를 넋이 나갈 정도로 두렵게 만들었다. 나는 하나님께서 '믿지 않는 상류층 사람들'의 마음을 움직이기 위해 나를 사용하실 수 있는 길이 전혀 없다는 것을 이미 알고 있었다.

'나를 좀 봐.'

나는 자의식으로 똘똘 뭉친 덩어리가 되어 좌석 등받이에 구부정한 자세로 기댄 채 조용히 중얼거렸다.

'나는 이제 40대야. 아직도 10대의 자의식으로 고통받고 있는 40대라구.'

나는 하나님께 다음과 같이 절규하고 싶었다.

"왜 이렇게 결함이 있는 나를 바르게 고쳐주시지 않으세요! 우선 제게 새로운 머리카락을 주실 수도 있잖아요!"

내 머리카락은 숱이 적고 가는 아기 타입이었다. 나는 종종 비행기를 탈 때 정성 들여 매만진 머리를 바람이 엉망으로 만들지 못하도록 머리에 늘 플라스틱 가방을 쓰고 싶은 유혹이 들었다. 내가 편안하게 여행할 수 있게 된 것은 여러 해가 지나서였다.

속도를 내고 있는 리무진의 미국인 친구 옆에 앉아, 나는 하나님께서 '왜 먹고 싶은 모든 달콤하고 끈적거리고 에너지를 공급하는 케이크들과 핫파지선디(아이스크림 위에 뜨거운 초콜릿이나 딸기 시럽을 얹은 것)를 먹고도 여전히 날씬하고 군살이 없도록 신진대사가 되게 하지 않으셨는지를 열심히 생각했다.

나는 강연이 끝날 때마다 배가 고팠고 힘든 여행 스케줄에 맞추기 위해 에너지 공급을 간절히 원하고 있었다.

그리고 예를 들어 어떤 가정을 방문했을 때, 정성들여 준비한(칼로리가 듬뿍 든) 음식을 어떻게 거절할 수 있겠는가?

약간 어두운 리무진 안에서 나는 곁눈으로 숙녀들을 흘끗흘끗 보며 우울함과 절망감 비슷한 것을 느끼면서 그녀가 아주 날씬한 몸매를 가졌다는 것을 인정했다.

도대체 내가 표준 사이즈의 모델처럼 보이지 않는다면 어떻게 저 숙녀들의 주의를 끌겠는가?

'그리고 주여, 금전적인 문제도 있습니다.'

나는 한숨이 나왔다.

'내가 도대체 어떻게 청중과 어울리는 울트라-수에드 정장을 살 수 있으며, 비록 산다 해도 그로 인해 야기되는 문제들에 어떻게 대처할 수 있겠습니까?'

우선 외모를 아주 중요하게 여기는 것처럼 보이는 그 숙녀들은 내가 옷을 센스 있게 잘 차려입지 않으면 내 말에 귀를 기울이지 않을 것 같았다. 그러나 내가 또 그들 수준에 맞춰 옷을 입으면 나처럼 그들보다 못한 옷을 입는 청중들은 하나님의 돈을 낭비한다고 생각할 것 같았다.

나는 부끄러움에 몸을 떨면서 믿을 수 없을 정도로 화려한 빌라에 초대되어 갔던 때를 기억했다.

우리는 저녁 만찬을 위해 조그만(우리 집의 약 반 크기) 방에서 옷을 바꿔 입고 있었다.

그 방의 다른 숙녀들은 자신들의 값비싼 의상에 대해 쉴새없이 떠들며 고급 브랜드인 디오르의 가장 최근 패션쇼에 대해 서로 이야기하고 있었다.

나는 약간 풀기 있는 면 드레스를 손에 힘없이 들고 있었는데, 옆에 있던 한 멋진 여성이 "앙증맞게 예쁜 옷이네요, 질." 하고 친절하게 말했다.

방 전체 여성들의 관심이 내 옷에 쏠렸다. 나는 그렇게 말할 필요가 없었는데도 마치 가게에서 물건을 훔치다 들킨 것처럼 "시어즈(미국의 중저가 물건을 판매하는 전국 체인 백화점) 것이에요."라고 작은 소리로 말했다.

왜 그렇게 말했을까? 나는 너무도 화가 나서 자신에게 물어보았다. 왜 미소 지으며 "감사합니다."라고 못했을까?

내 드레스는 예뻤고 그 방의 다른 드레스들만큼 비싸지는 않았지만 그만큼 멋진 드레스도 없었는데 말이다.

물론 이 여성들에 대한 나의 반응은 그들의 눈에 비치는 내 외모에 자신이 없어서 그들 사이에 완전히 이방인처럼 느끼고 있다는, 당당하지 못한 내 고백이라는 것을 잘 알고 있었다.

어째서 나는 여전히 이 숙녀들이 내가 울트라-수에드를 입어야만 내가 해야 할 말에 귀를 기울일 것이라고 생각했을까? 아마도 당시의 내 생각은 이 여성 선교활동을 영국식으로 말하면, 실은 내 '일'이 아닐 수도 있다는 것이었다.

"여성들에겐 강연하고 싶지 않아요."

나는 그렇게 하나님께 불평했다.

하나님은 내가 많은 여성들이 제한된 공간에서 발 디딜 틈도 없이 꽉 차 있는 곳에서 강연하는 것을 결코 좋아하지 않는다는 것을 알고 계셨다.

그들은 경험이 없는 신참 강연자들에 대해 얼마나 무례하게 굴며 떠들고 소동을 일으키는가? 그러나 특별히 좋아하지도 않는 사람들에게 강연하지 않으면 안 된다는 것과 이런 상황에서 달아나는 요나가 되어서는 안 된다고 생각했다. 그래서 나는 그런 초대를 받아들였으며 그곳으로 갔다.

'실제로 내가 그들을 좋아하지 않는 것은 중요하지 않아. 그들은 그 사실을 알 필요가 없지!' 라고 나는 생각했다.

나는 요나처럼 니느웨로 용감하게 걸어 들어갔으며 마음을 완전히 쏟아내며 설교했다.

어느 날 나는 테네시주의 멤피스로 갔다. 벨라가 공항으로 마중나와 있었다. 그는 강연자이며 교사였고 사회구제 시설을 운영하고 있었다. 상류층과 하류층의 믿지 않는 사람들을 대상으로 선교활동을 하고 있었으며 양쪽과 아주 조화롭게 잘 지내고 있었다.

나는 그가 여성들에게 따뜻하게 대하는 것을 보는 순간 양심의 한 자락이 불편했다. 그가 사람들을 대하는 태도와 성직활동 모두를 통해 나는 어떤, 말로 하는 비판보다도 더 크고 확실하게 비난을 받는 것 같았다.

"질, 당신은 기술적으로는 훌륭한 설교자이지만 이 여성들을 사랑하지는 않는 것 같군요!"

나는 그와 함께 있음으로써 내 잘못이 두드러지게 드러나는 것 같았다. 나는 불순종의 잘못을 저지르고 있었으며 제 길을 많이 벗어나 있었다. 나는 사랑은 의식적인 결정이란 것을 알고 있었으며 이 여성들을 사랑하지 않기로 확실히 마음먹고 있었다.

하나님은 오래 전에, 사랑은 너무 크지만 말로 표현할 수 없는 감정은 아니라는 것을 증거하셨다.

예수님은 제자들에게 다음과 같이 말씀하셨다.

"새로운 율법을 너희들에게 주니, 너희들은 서로 사랑하여라."

나는 감정은 명령할 수 없다는 것을 알고 있었다. 만약 사랑을 명령하신다면 그것은 감정이 아니라는 의미이므로 복종할 수 있어야만 한다는 결론을 얻었다. 이로써 사랑은 감정의 영역에서 벗어나 사랑하는 행위의 무대로 자리를 옮겨야 했다. 그럼으로써 좋아하는 감정이 들지 않는 사람들의 삶과 내가 관련되는 것이었다.

하나님은 내가 그들을 사랑할 수 있도록 도와주실 거라고 믿었지만 문제는 그것이 아니었다. 문제는 그들이 나를 사랑할 것인가였으며, 특히 중요한 것은 그들이 내가 말하는 것을 경청해줄 것인가였다.

일단 성경을 펼치고 메시지가 준비된 채로 연단에 서게 되면, 나는 마음이 고양됨을 느꼈다. 나는 조심스럽게 이야기하면서 숙녀들을 설득하여 하나님 품으로 인도할 수 있게 되었다.

그 숙녀들은 평상시의 내 실체에 대해 얼마든지 의문을 가질 수 있었다. 만약 그들이 내가 불안해하는 것을 알았다면, 내가 세련된 대화를 나누려고 어리석게 노력하는 것을 알았다면 나를 싫어하게 될 것이라는 것을 나는 알고 있었다.

우리가 타고 있는 리무진이 목적지를 향해 계속해서 가고 있을 때, 나는 그 여성들이 결국 내게 아무 것도 얻을 수 없다는 것을 발견하고 갖게 될 실망감을 생각하면서 속으로 신음했다.

스튜어트는 내가 이 특별한 초대를 받아들이도록 격려했었다. 그는 사도 바울이 유태인과 야만인이면서 자유민이었던 그리스인들에게 빚이 있다고 생각한 것을 내게 상기시켰다. 그것은 우리 모두가 갚아야 할 빚이 있다는 것을 의미한다고 설명했다.

세련되지 않은 사람들과 마찬가지로 세련된 사람들도 함께 모든 형태의 사람들과 구원의 지식을 공유해야 하는 빚이었다. 나는 단순히 내 빚을 갚는 것이었다.

리무진 택시는 너무도 빨리 목적지에 도착했다. 그리고 그곳에서의 집회는 무사히 끝났지만 나는 떠날 때와 마찬가지로 모든 것에 확신을 가지지 못한 채 집으로 돌아왔다.

그 이후의 시간 속에서 내가 '계급'의 벽을 넘지 못하는 것이 단지 영국적 특성 때문인지 아니면 자존심 때문인지를 자문해 보았다.

아마도 다른 사람들은 이런 것을 잘못된 자기 비하나 재능에 대한 경멸로 볼 수 있었을 것이다. 나는 무엇이 그렇게 심하게 잘못되어 있는 것인지조차 알지 못한 채 계속해서 강의했고, 그런 후에는 도대체 어떻게 내가 그런 용기가 있었는지 의아스러웠다.

그러던 어느 날, 하나님은 나를 구속에서 풀어줄 때라고 생각하셨나 보다!

나는 플로리다주의 코럴 게이블즈에서 마이애미의 상류층 거주지역의 졸부들인 젊은 여성들과 함께 있었다.

우리가 저녁식사를 하려고 회원제 레스토랑으로 들어갔을 때, 그들을 주의 깊게 바라보니 하나같이 사랑스런 미인들로 보였다.

나는 세 사람의 매우 우아한 여성들과 같은 식탁에 앉자, 나 자신이 뚱뚱하고 40살이나 됐으며 뭔가 하찮은 존재처럼 느껴졌다.

'아, 도대체 내가 여기에 왜 왔을까?'

나는 주위를 둘러보다 상류층 분위기의 아름다운 어느 여성을 발견했다. 그녀는 고급 차에서 내려 방금 이 고급 식당으로 들어와 아주 비싼 가격의 음식을 주문하려는 중이었다.

그때 갑자기, 예기치 않게 하나님이 내게 물으셨다.

"왜 너는 사람들이 그렇게 긴장한다고 생각하느냐?"

"경쟁심 때문에요."

나는 그 물음을 이해하면서 대답했다. 그러자 하나님이 대답하셨다.

"그렇다."

내 마음속은 아주 고요해져서 하나님의 다음 말씀을 명료하게 들을 수 있었다.

"질, 너는 결코 경쟁하지 않을 것이다."

그게 다였다. 그 순간 나는 자유로워졌다. 오, 그 기쁨이란……. 나는 그들에게 큰언니나 상냥한 어머니, 심술궂은 숙모, 고모 같은 사람이 될 수 있었다. 그리고 내가 아무에게도 결코 위협적인 존재가 되지 않을 것을 알기 때문에, 나는 확실하게 마음의 긴장을 풀 수 있었다.

내가 믿었던, 그들이 주의를 기울이지 않을 바로 그 이유들 때문에 그들은 내 말에 귀를 기울이게 될 것이었다. 이 얼마나 놀라운 해방감인가!

하나님은 나의 소명에 맞게 나를 창조하셨고, 그것이 중요한 모든 것이었다. 하나님은 내게 평범하고 봐줄 만한 정도의 아름다운 외모를 주셨다.

어디를 가든 항상 누군가가 다가와서 내가 자신의 딸이나 사촌,

혹은 대고모 수잔과 닮았다는 말들을 하곤 했다. 이제 나는 그 사실로써 모두가 얼마나 편안한 존재인지를 알 수 있었다.

하나님은 나를 체면을 유지할 수 있을 만큼 옷을 잘 입게 해주셨으나 주의를 흩뜨리거나 질투심을 유발할 정도로 너무 잘 입게는 하지 않으셨다. 그러나 원한다면 같은 옷을 부끄러워하지 않고 두 번 연달아 입게 해주신 데 대해 하나님께 감사드렸다.

처음으로 나는 내 가늘고 부드러운 머리카락에 대해 기뻐할 수 있었다. 그것은 아주 쉽게 웨이브를 만들 수 있어서 어렵지 않게 마음대로 늘 멋진 모양을 연출할 수 있다는 것을 깨달으면서였다.

나는 머리 속으로 나의 가장 훌륭한 특성들을 목록으로 작성하기 시작했다.

나는 그런 대로 기분 좋은 목소리를 갖고 있고(그로 인해 긴 강연도 어느 정도 즐겁게 되었다.), 표정이 풍부한 얼굴(극적으로 강조할 때 유용한)과 다이어트와 운동으로 조절할 수 있는 신진대사를 갖고 있다.

내가 하나님의 눈에는 꼭 맞는 아름다운 사람이라는 것을 아는 것은 중요하다. 하나님은 우리의 영혼을 사랑하는 분이시며 하나님이 우리의 신체나 머리카락, 혹은 얼굴의 이목구비를 만드신 이유를 모르는 것은 진정으로 중요한 것을 모르는 것이다.

"나는 자유롭다. 내가 되고자 해서 선택한 나여서가 아니라 하나님이 나로 이미 선택하신 나이기 때문이다."라고 말할 수 있음으로 나는 정말로 자유로움을 느꼈다.

외모에서 자유로워지자 내면도 함께 자유로워지고 있었다. 크리스마스 시즌이었고, 나는 누가복음을 펴서 스가랴의 말들을 읽었다. 그는 하나님이 커다란 꿈을 주셨을 때 두려움과 의심 그리고 자신이 어딘가 늘 부족하다는 생각으로 가득찬 자신과 모든 다른 사람들을 위해 기도했다.

그는 우리들 중에서 하나님이 확신해 주신, 자아를 수용하는 자유를 누리게 될 사람들을 위해 다음과 같이 중재하고 있었다.

"우리로 원수의 손에서 건지심을 입고, 종신토록 주의 품에서 두려움 없이 섬기게 하리라 하셨도다(누가복음 1장 74절~75절)."

하나님은 이제 바로 그것을 내게 허락하시려는 중이었다.

나는 너무도 오랫동안 이 갈등을 겪어 왔고, 두려움이 없어지도록 열렬히 기도해 왔으나 아무런 소용이 없었다. 걱정거리들의 이유를 찾기 위해 잠재의식을 철저하게 파헤쳤으며 강연을 준비하면서 충분히 흥미로울지 아닐지를 걱정했다. 그리고 대답할 수 없을 질문들을 받을까 봐 두려워했다.

나는 또한 성공도 두려워했다. 칭찬이나 감사를 받음으로써 내 생각과 더 나아가 하나님과의 좋은 관계에 정확히 어떤 영향이 미칠 것인가? 그런 것들을 생각했다.

편집자들로부터 원고를 부탁하는 편지들이 오기 시작했다. 당장에 나는 두려움으로 질식할 것 같았다. 아무도 읽지 않을 글을 써서 무엇한단 말인가? 그 걱정에 이어 더 심한 두려움에 격렬하게 휩싸였다. 사람들은 내 글을 교리적으로 일일이 분석해서 비판하거나 비열한 편지를 써서 편집자에게 보낼 것이라고 생각했다.

코럴 게이블즈의 생생한 기억과 함께 나는 하나님 말씀에 귀를 기울였다. 하나님은 당신의 말씀을 다시 내 마음에 불어 넣으셨다. 하나님은 살아 있는 말씀으로 스가랴를 찾아가셨듯이 문자로 쓴 말씀으로 나를 찾아오셨다. 그 말씀은 꿀보다 더 달콤하고 황금보다 더 훌륭하며 루비보다 더 가치가 있었다.

하나님은 내가 친구를 잃는 두려움, 신앙을 공유하는 두려움, 리버풀의 뒷골목들에서 공격당하는 두려움, 아이들과 스튜어트에게 일어날 일에 대한 두려움, 그리고 거부와 죽음에 대한 두려움을 극복하게 해주셨다. 하나님은 비행기 여행에 대한 나의 지독한 두려움도 사라지게 해주셨다.

나의 보잘것없는 순종에도 불구하고, 하나님은 내게 거대한 보상을 가져다주셨다. 그것으로 인해 나는 무엇과도 바꾸지 못을 경이로운 것들을 경험했다.

두려움 없이 하나님을 섬기겠다는 나의 약속은 '나'를 위한 것이며, 울트라-수에드 숙녀들과 전적으로 관련이 있다는 것을 알 수 있었다.

내가 기도했을 때 하나님은 내 영혼을 천국의 기쁨에 대한 믿을 수 없을 만큼의 감미로운 예감으로 가득 채우셨다.

나는 주님께 모든 것에서 내가 그를 얼마나 사랑하는지를 기도로써 말씀드렸다—수없이 두려움의 유혹을 받으셨을 것이 틀림없는 주 예수님, 자신에 대한 아버지의 충실함을 의심하려 하지 않으셨던 주 예수님, 자신이 겪는 일이 아무런 영향을 미치지 않을 것이란 두려움 때문에 고통받는 종이 되지 않기로 결심하실 수 있었던 주 예수님, 그러나 어쨌든 예수님은 세상으로 왕림하셨고 세상 사람들의 거부나 십자가의 고통으로 두려워하며 떨지 않으셨다.

예수님은 아버지인 하나님을 가장 두려워하셨다. 인간보다 하나님에 대한 두려움이 중요한 열쇠였다—죄악에 대한 혐오와 함께 경건한 믿음에서 나오는 두려움이었다.

나는 마음이 흥분되어서 초대장들을 살펴본 후에 그때까지의 초대장 중에서 가장 의욕을 불러일으키는 세 군데를 선택하여 흔쾌히 수락하는 편지를 보냈다. 나는 우선 마음이 평온한 데 놀랐고 믿을 수 없을 정도의 새 희망으로 고무되었다. 웨스트포인트, 프린스턴, 워싱턴…….

울트라-울트라-수에드의 숙녀들이여! 내가 여기 왔노라!

그곳에 도착하자, 시편 19장의 기도문이 내 생각 속에 넘쳐흐르고 있었다.

"나의 반석이시요, 나의 구속자이신 여호와여, 내 입의 말과 마음이 묵상이 주의 앞에 열납되기를 원하나이다(시편 19편 14절)!"

그리고 내가 여러 장소의 연단에 서서 내 발밑으로부터 나무 바닥이나 윤이 나는 벽돌 바닥을 느낄 때, 그것이 내가 순종하도록 떠받쳐 줄 '나의 반석'으로 느끼기 시작하리라는 생각이 들었다. 나의 구세주가 하신 약속에 대한 이러한 확신으로 새로운 행복이 내 안에 자리잡기 시작했다.

나의 성직활동은 새로운 국면으로 접어들었다. 그것은 전에는 결코 알지 못했던 충일감과 깊은 만족과 확신들이었다.

다음 강연으로 인해 비행기를 타기 위해 대규모 집회장을 떠날 때, 나는 혼잡한 차들과 주최측 여성이 맹렬한 기세로 자동차 주위를 필사적으로 뛰어다니는 것을 보고 미소지을 수 있는 여유가 생겼다—그녀는 주차한 장소를 기억할 수 없었던 것이다. 나는 남편의 놀리는 말이 생각났다.

"여자들은 차를 주차하지 않아, 내버리지!"

그 다음 강연에서는 테니스 신발을 신은 푸른 색 염색 머리를 한 몇 명의 사랑스럽고 자그마한 여성들이 내게 다가와서 내 귀에 속삭였다.

"우리는 당신의 말을 들을 수 없었어요."

그래서 내가 물어보았다.

"어디에 앉아 계셨어요?"

"뒷줄에요. 그런데 우리는 모두 귀가 들리지 않아요."

참을성 있게 그 다음 번에는 그들이 앞쪽에 앉기를 제안했을 때, 나는 짜증스러운 초조감 대신 따뜻한 동정심과 애정이 깃든 염려를 느끼는 자신을 발견했다.

그 모든 것이 달라져 있었다. 내가 그토록 애증을 느꼈던 여성들은 이제 사랑스러운 느낌으로 어디에나 있었다. 내 머리 속에, 내 마음속에, 내 계획 속에, 내 스케줄 속에 그리고 한가한 시간 속에, 내 눈물 속에 그리고 내 웃음 속에 있었다. 그들은 이제 나의 일부로 다가왔으며 나는 그들의 일부로서 존재했다. 나는 기쁘고 기쁘고 기뻤다. 우리 모두가 사랑스러운 여성이었다!

에벌린 크리스텐슨

하나님은 도장을 찍듯이 나를 끝까지 사랑한다고 약속하셨다

에벌린 크리스텐슨은 대학 행정관이 된 목사의 아내다.

그녀는 남편의 성직활동을 후원하여 교회와 교단활동들을 하면서 세 자녀를 길렀다.

성경교사로서 여성들이 기도할 때 일어날 수 있는 일을 직접적으로 관찰한 그녀는 연합기도 운동의 필요성을 자각했다.

나는 에벌린 부부가 연합회 참가차 애로우헤드 스프링스에 왔을 때 처음 그를 만났다. 내가 국내에서 연합기도 장려운동을 시작하던 1972년 초였다.

나는 기도를 통해 미국이 도덕적, 정신적으로 보다 깊고 원대한 건국이념을 회복할 수 있다는 것을 확신하면서 그와 뜻을 같이 했다. 우리는 그 자리에서 의기투합했고, 그녀는 '베델대학 설립자 주간(Bethel College Founder's Week)'을 위한 연사들 중 한 사람으로 나를 초청했다.

현재 에벌린은 미네소타주 세인트폴의 '연합기도 성직활동(United Prayer Ministries)'의 초대회장이며 위원회장이다. 그의 지휘 아래 그 성직활동 단체는 트윈시 지역 내의 기도 지부를 운영하고 전 세계의 전도사들과 미국 내 죄수들에게 크리스천 용품들을 공급하며 중국, 인도, 스페인어 사용 국가의 방송 프로그램들을 후원하고 있다.

에벌린은 여러 권의 책을 저술했으며 그 중에서 〈여성들이 기도할 때 일어나는 일〉은 150만 부 이상이 판매되고 연속 4년 간 베스트셀러 목록에 올랐다.

그녀는 '전국 기도 위원회(National Prayer Commottee)' 의 창립 멤버 중 한 사람이다. 그리고 전 세계에서 강연 요청이 쇄도하고 있으나 그녀는 최근에 은퇴한 남편과 함께 있는 것을 우선시하고 있으며 집안에서 할머니로 있을 때를 더없이 소중하고 즐겁게 생각한다.

그녀는 암이라는 커다란 질병에서, 그리고 삶의 여건들이 어려워졌을 때 어떻게 우리에게 대한 하나님의 뜻이 변하지 않는가에 대해 이야기해 주고 있다.

많은 세대를 거치는 동안 암이란 것만큼 인간의 마음속에 공포를 불어넣는 말은 없었다. 어쨌든 그 말을 입에 올리면 맞든 틀리든 고통과 화학요법과 죽음이라는 영상이 떠오른다.

오랜 세월을 통해 암 선고를 받을 때마다 환자와 가족들의 심장은 똑같이 차갑게 갈기갈기 찢겨져 왔다.

나는 최근 그 말과 씨름하고 있었다. 정기 건강 검진에서 의사는 남편에게서 '조그만 종양' 을 발견했다고 말했다. 그 후의 생검(생체조직의 현미경 검사) 결과에서 '암' 으로 판명되었다.

우리는 그 다음 월요일까지 며칠을 더 기다려야 했다. 암이 신체의 다른 부위에 전이되었나를 알아보기 위해서였다. 만약 그렇다면 그것이 의미하는 것을 충분히 알고 나서 골수의 CT 촬영(컴퓨터 단층촬영)과 혈액검사를 받아야 했다.

금요일에 크리스와 나는 '암' 이란 말을, 금방 비를 쏟을 것 같은 구름처럼 머리 위에 낮게 드리우고 기도 세미나를 위해 일리노이로 차를 운전해 갔다.

크리스가 잠깐 눈을 붙일 차례가 되어, 내가 운전하는 동안 나는 하나님이 내게 깊은 인상을 남기셨던 히브리서 6장 12절에 있는 '약속들' 이란 말씀에 대해 깊이 묵상하였다.

"게으르지 아니하고 믿음과 오래 참음으로 말미암아 약속들을 기업으로 받는 자들을 본받는 자 되게 하려는 것이니라(히브리서 6장 12절)."

왜 하나님은 이 '약속' 이란 단어를 내 마음에 그렇게 깊이 각인시키셨을까? 하나님은 무엇을 의도하셨을까? 내게 무언가를 약속하시려는 것이었을까? 내게 나의 성직활동이나 사생활에 대해 말씀하고 계시는 것일까? 나는 전혀 감을 잡을 수 없었다.

나는 하나님께 더 많은 통찰력을 주시기를 간절히 기도했다. 그러자 그 응답이 명백하고 확실하게 뇌리에 떠올랐다. 바로 로마서 8장 28절(우리가 알거니와 하나님을 사랑하는 자 곧 그 뜻대로 부르심을 입은 자들에게는 모든 것이 합력하여 선을 이루느니라)이었다. 마치 하나님이 다음과 같이 말씀하시는 것 같았다.

"네가 나를 사랑하고 내 뜻에 따라 부름을 받았으니 여호와인 내가 너를 위하여 이 모든 일을 하고 있는 것이다."

나는 하나님에게 실망하며 거의 절망해서 울부짖었다.

"오 하나님, 또 그 오래된 구절은 안 돼요."

내가 막 스물세 살이 되었을 때 나는 세번째로 유산을 했다. 그때 하나님은 이 로마서 8장 28절을 통해 위안과 확신의 말씀들을 해주셨다.

그 이후로 나는 이 구절을 하나의 인생관으로 받아들인 후 삶에 적용하며 살아왔고 하나님은 40년 동안 그 약속대로 충실하게 일하셨다. 그러나 남편이 암에 걸렸다는 사실에는 뭔가 더 새롭고 강력한 말씀이 필요하다고 생각했다.

그러나 내가 차를 운전해 가는 동안, 하나님은 이 특별한 약속을 다시 선택하신 이유를 내 마음속에 인식시키기 시작하셨다.

하나님이 내 마음을 향해 말씀하셨다.

'네가 나를 사랑하므로 내가 너를 위하여 모든 것들을 어떻게 일하는지를 너는 지금까지 경험하고 가르치고 글로 써왔다. 그러나 나는 네가 이 구절에 대해 좀더 이해의 폭을 넓히기 바란다. 때로는 네가 환난을 겪을 이 세상에서, 혹은 네가 천국에 와서 내 시각으로 모든 것을 생각할 때에라도 내가 너를 위하여 모든 것들을 준비하고 일하는 것을 보게 될 것이라고 너는 생각해 왔다. 그러나 너에게 미리 말하는데, 다음 월요일 크리스가 검사 받기 전, 그 결과가 어떻든 간에 그 모든 것도 다 너를 위하여 그렇게 한다는 것을 알도록 하여라.'

눈물이 하염없이 얼굴을 적시며 흘러내렸다. 더 이상 앞이 안

보여 운전을 할 수 없을 정도였다. 그리고 거대한 평화가 찾아들었다. 크리스가 검사도 받기 전에 진단 결과가 좋든 나쁘든 상관없이 하나님은 나를 위하여 역사하고 계시다는 것을 말씀하고 계셨던 것이다.

일요일 아침, 여전히 크리스가 검사 받기 전에 하나님은 다시 한번 내가 히브리서 6장의 일부를 보게 하셨다. 처음에는 하나님이 너무 오랫동안 성경의 한 부분에만 몰두하게 하시는 것이 의아스러웠다. 그때 나는 17절에서 하나님이 그렇게 하신 이유를 알게 되었다.

"하나님은 약속을 기업으로 받는 자들에게 그 뜻이 변치 아니함을 충분히 나타내시려고 그 일에 맹세로 보증하셨나니(히브리서 6장 17절)."

나는 '약속을 기업으로 받는 자들'이란 말 옆에 '나'를 써보았다. 그렇다면 하나님은 나에게 무엇을 나타내시기를 원하셨을까? 하나님은 자신의 뜻의 불변성을 보여주시길 원하셨다.

또한 '보증'이라는 말은 도장을 찍는 것처럼 확실하다는 것을 의미했다.

하나님은 내가 스물세 살 이후로 나에 대한 당신의 뜻이 변하지 않으셨다는 것을 거듭 나에게 말씀하고 계셨다.

하나님은 그 모든 것을 세상을 창조하시기 전부터 계획하고 섭리하셨다. 상황이 변했다고 해서, 그리고 비록 상황은 계속해서 변해 왔을지라도 나에 대한 하나님의 뜻은 여전히 변하지 않으신다는 것을…….

월요일에 받은 크리스의 검사 결과는 암이 전이되지 않은 것으로 나왔다. 수술 일정이 잡혔고 우리를 아는 분들이 기도를 해주셨다. 나는 이 잊지 못할 경험을 통하여 하나님이 당신의 뜻에 따라 우리의 삶을 주관하고 계신다는 것을 깨달았다. 하나님은 우리에게 불멸의 가치 있는 교훈들을 가르쳐주고 계셨다.

여러분과 그 몇 가지를 나누고 싶다.

첫째, 우리는 기도에 대한 응답을 당연한 것으로 여겨서는 안 된다.

우리는 삶에서 수많은 기도에 대해 계속해서 넘치는 응답을 주실 때 그것을 당연한 것으로 생각하며 그저 흘려버리기 쉽다. 그러나 크리스에 대한 하나님의 섭리를 지켜봄으로써, 나는 기도의 힘에 대하여 더욱 생생하게 자각하게 되었다.

둘째, 우리는 '감사의 태도'를 유지해야만 한다.

눈코 뜰 새 없는 스케줄 속에서 나는 기도의 응답들을 당연한 것으로 여겼을 뿐만 아니라 또한 '감사의 태도'도 언젠가부터 취하지 않게 되었다.

그러나 이제 크리스와 나는 의사가 정기 건강진단 중에 '몇 가지 더' 검진하기로 결정했던 것과 그 작은 종양을 완전히 제거할 수 있을 정도로 일찍 발견한 것에 대해 하나님께 끊임없이, 그리고 매우 깊이 감사드리고 있다. 수술은 1백 퍼센트 성공이었다.

나는 하나님께서 크리스를 위한 기도에 계속해서 응답하시는 것에 대하여 외경심을 느낀다. 크리스의 건강은 지금까지 합병증 없이 놀라울 정도로 회복되었다.

만약 크리스의 검진 결과가 더욱 나쁜 상황이었다 해도 나는 하나님께서 나에게 주시는 그 약속과 끊임없이 일하시는 것들을 생각하면 감사할 수 있을 것 같았다.

셋째, 우리는 하나님을 섬기는 데 있어서 계속해서 새롭게 마음을 다져 나가야만 한다.

크리스와 나는 하나님이 여전히 우리가 행하도록 하시는 것에 헌신하고자 새롭게 각오하고 있다. 그는 현역에서 은퇴하는 어려운 일도 새로 주실 일에 대한 기대로 감사하게 받아들이게 되었다.

이제까지 이러한 교훈들을 통해 나는 남편의 암 발병을 극복해 왔을 뿐만 아니라, 나도 남편의 수술이 끝난 3주 후에 암 검사를 받았다. 그때 하나님은 실제로 당신의 뜻으로 내 삶을 강하게 역사하심을 확신하게 되었다.

내가 유방 X선 사진을 촬영하던 날 아침에 검사실의 침대에 누웠을 때, 하나님은 내 마음속에 이사야 26장 3절의 말씀으로 부드럽게 말씀하셨다.

"주께서 심지가 견고한 자를 평강에 평강으로 지키시리니 이는 그가 주를 의뢰함이니이다(이사야 26장 3절)."

나는 하나님의 평화가 나를 감쌌을 때 즉시 모든 긴장이 나의 몸에서 빠져나가는 것을 느낄 수 있었다. 그리고 부드럽고 둥근 캡슐 속에, 하나님의 특별한 마음속에 완전히 감싸여 있는 듯한 믿을 수 없는 느낌을 받았다.

내가 이 글을 쓰고 있는 지금, 촬영 결과는 아직 모른다. 그러나 하나님은 바로 여기 내 곁에 와 계신다. 그리고 나는 "그건 다른 모든 검사들과 마찬가지로 단지 또 하나의 검사에 불과해."라고 자신을 위로한다. 그러나 하나님은 "네가 그 결과를 알기 전에, 여기에 내 평화가 있으니"라고 말씀하신다.

모든 인간의 말, 암이라는 말까지 초월하는 말씀이 존재함을 나는 발견했다.

그 말씀은 바로 하나님이다.

편집자주 : 에벌린의 유방 X선 사진에서 암의 흔적은 발견할 수 없었다.

찬양과 근심은 같은 마음속에서 살 수 없다

3

메리 그레이엄

하나님은 있는 그대로의 내 모습을 사랑하신다

메리 그레이엄은 '그리스도를 위한 대학십자군 미국 성직활동'의 부대표이며 그 업무를 전국적으로 총괄하고 있다. 오클라호마주 출신인 그녀는 1968년 프레스노의 캘리포니아 주립대학에서 사회학으로 학위를 취득했다.

학생들과 일하고 싶은 열망이 동기가 되어 1969년 '그리스도를 위한 대학십자군' 스태프에 합류했다.

그녀는 뉴멕시코와 캔자스, 그리고 여타의 대학들에서 이 단체를 통해 하나님께 봉사해 왔다. 향후 5년간 '대학십자군'의 전국 순회직에 있으면서 메리는 인사부와 전국 여성 조정자로서도 사역했다.

그녀는 자신의 삶에 지대한 영향을 끼쳐 왔던 가족의 여덟 형제 중 막내다.

그 집은 '대초원 위의 인형 같은 집'은 아니었다. 그러나 많은 면에서 오클라호마주 피처에 있는 그 집에서 성장하는 것은 거의 이상적이라고 할 수 있었다. 작은 동네와 조그만 집, 사랑이 넘치는 가족들이 있었다.

우리는 높은 도덕적 가치기준들과 가족에 대한 열렬한 헌신, 근면한 노동관과 함께 미국적 관습에 따라 행동하도록 배웠다.

아버지는 어머니께 다음의 말씀으로 교육에 대한 당신의 철학을 피력하셨다.

"아이들에게 어떤 것을 할 수 없다고 말해야 해. 그러면 자신들이 할 수 있다는 것을 증명할 거야. 그리고 잘했다고 말해서는 절대 안 돼. 그러면 더 잘하려고 노력하지 않을 거야."

아버지는 자식들이 근면하며 고도의 성취욕을 지닌, 매우 교양 있는 적극적인 삶을 사는 성인들이 되기를 원하셨기 때문에 우리가 수용하기는 다소 어려웠다.

어머니의 교육 철학도 우리가 감당하기 힘든 것은 마찬가지였다. 어머니는 그것을 단지 다음의 말씀으로 나타내셨다.

"문젯거리를 만들지 말아라."

부모님이 내게 가지셨던 기대를 나는 지금까지도 반복하여 회상하곤 한다. 그것은 '가치 있는 사람이 되어라'와 '예의 바르게 행동해라'였다.

그래서 인생에서 성공하는 것이 무엇인지 분명히 알고 있었고, 나는 쉽게 이룰 수 있을 거라고 생각했다.

그러나 여덟 형제 중 막내인 까닭에 내게 명령하는 보스들이 너무 많았고, 쉬운 것은 아무 것도 없었다.

부모님은 딸 넷을 가지신 후에 아들 셋을 낳으셨고 그 다음이 나였다. 부모님은 그런 상황을 아래에서 말씀하시곤 했다.

"처음엔 딸들을 낳고 그 다음엔 아들들을 낳고 그리고 메리를 낳았지."

가족에서 딸 쪽은 항상 '딸들과 메리' 로 언급하셨다.

언젠가 내가 집에 전화를 했을 때의 일을 나는 결코 잊지 못한다.

"얘야, 잘 있었니?"

아버지가 전화를 받으시더니 물으셨다. 그러자 어머니 음성이 옆에서 들려왔다.

"딸애들 중 하나예요?"

아버지는 바로 대답하셨다.

"아니, 메리요. 메리와 통화하겠소?"

그 '딸들' 은 내가 걷고 말하게 되었을 때쯤에는 모두 10대들이었다. 언니들은 내가 그들과 함께 어울리는 데 관심이 없었고 오빠들—공격할 누군가를 찾고 있던 테러리스트 집단—도 역시 막내 여동생이 자신들의 패에 들어오는 것에 흥미가 없었다. 또 그들은 수없이 나를 골탕먹이는 것을 조금도 주저하지 않았다.

그런 성장기를 거치면서 나는 누군가가 나를 알아주기를 열망했다. 나는 이 강한 욕구를 충족시키기 위해 최선을 다했고 그런 과정에서 모든 사람들을 성가시게 했다.

어머니는 나의 그 욕구를 달래기 위해 '내가 울지 않는다면'을 전제로 오빠들에게 나와 함께 놀 것을 당부하셨다. 나는 어머니가 다음과 같이 여러 번 말씀하시는 것을 들었다.

"네가 울면 오빠들에게 너와 함께 놀라고 할 수가 없단다."

그래서 오빠들은 나를 자신들 패에 넣어주지 않는 것이 매우 간단한 일이라는 것을 알아차렸다. 그것은 나를 울리는 것이었다. 따라서 만약 눈물이 성장을 방해하는 것이었다면 지금 내 키는 약 1미터밖에 안될 것이다.

오빠들은 굉장한 개구쟁이였다. 오래된 석유 드럼통 등 가까이 있는 것이라면 무엇이든 가지고 놀았다. 오빠들이 드럼통 위에서 몸에 균형을 잡고 조그만 발로 앞뒤로 왔다갔다하며 춤을 출 때, 그들은 서커스의 어릿광대들처럼 보였다. 너무도 민첩했고 무척 재주가 있어 보였다. 정말로 부러웠다. 나도 그렇게 하고 싶었다.

"절대 안 돼!"

오빠들이 딱 잘라서 말했다.

"여자애들은 그렇게 하면 안 돼. 몸에 균형을 잡고 동시에 걸어야 하기 때문에 여자애들은 한 가지만 할 수 있어. 결코 두 가지는 못해."

"왜?"

내가 물어보았다.

"그건 여자애들이기 때문이야."

오빠들이 주장했다.

그러나 나는 포기하지 않았다. 결국 오빠 중에 한 명이 내 끈질긴 애원을 들어주었다.

"좋아, 이렇게 하면 네가 할 수 있겠다. 이 드럼통을 언덕 위로 가지고 가서 그 위에 서서 몸에 균형을 잡아. 그게 다야. 한 가지만 하면 돼. 드럼통은 저절로 언덕을 굴러내려 올 거야. 너는 걸을 필요가 없어. 드럼통이 스스로 구를 테니까."

'좋아!' 라고 나는 생각했다. 그런데 완전히 좋았던 것은 아니었다. 그 드럼통은 확실히 스스로 굴러갔다. 그런데 나를 떨어뜨리고는 나를 치고 그 위를 굴러갔다. 나는 울었다.

"여자애들이란! 쳇!"

오빠들은 나를 전혀 동정하지 않고 화를 내며 불평했다.

비록 오빠들은 내게는 심술궂게 굴었지만 자기들끼리는 서로 좋아한다는 것을 쉽게 알 수 있었다. 언니들도 자기들끼리는 매우 친밀하게 지냈다. 확실히 오빠와 언니들은 자기들끼리는 서로 친구였고 동지였으며 같은 팀이었다. 그래서 오빠와 언니들에게 속하기 위해 나는 그들처럼 되려고 결심했다.

그들이 무슨 행동을 하든 나도 따라서 그렇게 했다. 그렇게 안 되면 적어도 노력이라도 했다. 내 삶은 피곤하기는 했지만 모험적이 되었다. 내 에너지는 오빠와 언니들처럼 하는 데 완전히 집중되어 있었으며 그들이 명령하면 나는 실행했다.

그런 식으로 내 삶은 계속되었다. 나는 '공연예술'로 석사학위를 취득했다. 그리고 부모님, 형제들, 선생님들, 친구들 등 모든 사람을 기쁘게 하는 것을 배우게 되었다. 나는 사람들의 기대에 따라 행동하며 생활했다. 그런 생활은 내게 좋은 영향을 주는 것 같았다. 그래서 나는 성공한 것처럼 보였다.

내 삶의 테마는 다음의 한 문장으로 요약될 수 있었다.

"나는 할 수 있어."

어디를 가든, 상대방이 필요로 하는 것이 무엇이든, 내게 어떤 희생이 따르든 내 반응은 언제나 한결같았다.

"오, 할 수 있어요. 문제없어요."

고등학교 때 나는 토론 팀에 속해 있었다. 파트너인 밥은 그 팀에서 실제로 가장 뛰어나며 최고로 인정받는 토론자들 중 한 사람이었다. 그는 나보다 두 살 위였고 능력과 경험 면에서 나를 훨씬 능가했다. 그래서 그와 같은 팀이라는 것은 누구에게나 명예로운 일이었다.

누구든 경험이 없는 사람이 그와 함께 리그전에 나가 경쟁한다는 것은 미친 짓이었다. 그러나 내게는 아니었다. 나는 자신의 한계를 뛰어넘는 것에 너무도 익숙해 있었고, 더 열심히 노력하고 더 높이 성취하는 데에 숙달되어 있었기 때문에 그 도전에 과감하게 뛰어들었다.

비록 내 능력을 벗어나는 행동으로 사람들의 눈에 거슬렸는지 모르지만, 그것이 나를 멈추게 하지는 않았다.

나는 이기기 위해 필요한 것은 무엇이든 말했다. 나는 잘해 냈고 우리는 이겼다. 그렇게 될 수밖에 없었다. 나는 다른 길은 알지 못했다.

내가 느끼는 걱정과 스트레스는 때로 엄청나기는 했으나 결코 내가 함몰되어 빠져나오지 못할 정도는 아니었다. 내 삶 전체가 그런 경험들로 형성되고 점점 더 증폭되어져 갔다.

그 후 나는 대학 3학년 때 예수님을 내 구세주로 영접하게 되었다. 나는 나에 대한 예수님의 사랑을 알게 되었고, 예수님의 용서를 받게 되었다. 나는 예수님이 내 삶을 절대적이며 결정적으로 지배하시는 것을 믿었다.

나는 예수님을 기쁘게 해드리고, 예수님께 영광을 돌리고 싶은 열망으로 가득 찼다. 그리고 내가 그렇게 할 수 있는 유일한 길은 '믿음을 통해서' 라는 것도 알게 되었다.

새로운 성도로서의 나를 인도해준 사람들은 정성을 다해 그런 믿음을 내게 가르쳐 주었다. 그들은 꾸준하고 성실하게 다음의 성경적 시각을 기초로 하여 가르쳐 주었다.

"하나님은 너의 공적을 네가 생각하는 것만큼 중요하게 생각하지 않으신다. 하나님은 네 어떤 행위보다 네 내면에 더 관심을 가지고 계신다."

이것은 그때까지 내가 알아왔던 모든 가치 기준들과 정반대가 되는 것이었다.

나는 내 모든 것을 걸고 이 진리들을 믿고 싶었다. 나는 하나님의 은혜를 알고 이해하고 싶었다. 나에 대한 하나님의 절대적인 사랑을 경험하고 싶었다. 나는 다음의 요한복음 15장 9절의 약속의 말씀을 믿고 싶었다.

"아버지께서 나를 사랑하신 것같이 나도 너희를 사랑하였으니."

그리고 로마서 15장 7절의 말씀도 믿고 싶었다.

"나는 너희를 받아들였으니."

그리고 다음의 마태복음 6장의 말씀을 믿고 싶었다.

"내가 너희를 돌볼 것이요."

나는 이러한 약속들이 진리임을 알았고, 그 확실성에 가능한 한 열심히 의지했다. 그런데 어찌된 일인지 그 약속들이 내 삶에 항상 영향을 미치게 할 수는 없었다. 그 약속들은 내 영혼의 근원으로 더 깊이 들어가 확고한 기반을 찾아야만 했다. 나는 이론을 실행할 정서적인 뒷받침이 필요했다.

하나님 은혜에 대한 정의인 '과분한 은혜'는 내 어휘 능력을 벗어나는 것이었다. 내게는 '완전 수용'과 '절대적 사랑'이 그저 낯선 전문용어에 불과했다. 나는 그러한 용어들을 직접 실행해 보려고 노력했다.

결국 내 노력은 대가를 치르게 되었고, 나는 그 요구를 따라갈 수 없게 되었다. 그러면서 나는 아주 불행한 변화를 겪게 되었다.

나는 더 이상 내 믿음을 성숙시키려는 사람들의 기대를 충족시킬 수 없었다. 이 맹렬한 욕구는 이미 내 자신의 일부가 되어 있었기 때문에 완강히도 저항하고 있었다.

나는 내 자신에게 가혹한 요구들을 하기 시작했다. 그래서 아주 현명한 사람에게 조언을 구하게 되었고, 그 사람은 내가 그런 딜레마에 빠지게 된 이유와 그 혼란을 벗어나는 방법을 알 수 있도록 도와주었다.

나는 성경을 주의 깊게 목적을 가지고 읽기 시작했다.

사도 바울은 에베소서 2장 8절에서 우리가 구원받는 것은 '은혜에 의해서' 라는 것을 분명히 했다.

그는 대부분의 시간을 갈라디아서—우리가 하나님의 은혜에 의해 구원받는 것처럼, 은혜에 의해 완성된다(성숙해진다)는 것을 분명히 말하고 있는—의 기록에 보냈다.

내가 이 구절을 깊이 음미했을 때, 은혜는 하나님이 있는 그대로의 나를 받아들여 주심을 의미한다는 것을 이해하기 시작했다.

하나님은 내가 어떤 누군가의 기준에 맞추라고 요구하시거나 강요하시지 않으신다는 것이다. 하나님에게조차. 하나님은 바로 나 그 자체를 완전하고 철저하게 더할 나위 없이 사랑하셨다. 내 모습이 어떠한 것에 상관없이.

내가 어떤 일을 하더라도 그 사랑을 더하게도 덜하게도 할 수 없다. 하나님은 내가 지금까지 어떻게 살아왔든 나를 용서해 주시는 분이다. 죄를 사해 주시는 하나님의 자비와 은혜의 손길은 이제까지 내가 행해왔고 앞으로도 행할 어떤 행위들에도 고루 다 미치신다. 다만 내가 그것을 받아들이느냐 받아들이지 않느냐에 달려 있음을 알게 되었다.

비록 하나님의 은혜를 이해하기 시작했다 해도 내 마음은 여전히 각성이 필요했다. 내 마음의 '소프트웨어'는 그 전에 부정확한 데이터를 받아들였었다.

내 삶의 성장기 동안, 나는 하나님이 요구하시는 것들은 동료나 친구, 그리고 가족들의 요구들과 비슷하거나 조금 더 크다고 확신했다. 그래서 나는 사람들을 기쁘게 하려고 열심히 노력했고, 하나님을 위해서는 훨씬 더 열심히 노력했다.

그러나 비록 선의에서 나온 것이긴 하지만 이러한 내 노력은 정신적인 성장을 방해하고 있었다.

나는 먼저 하나님의 은혜를 이해하고 경험하는 것이 필요했다. 나는 일단 그렇게 이해하자 하나님의 사랑을 드러내는 건강한 관계들을 추구하고 즐기기 시작했다.

나는 내가 노력하는 것들을 그만두었다. 그러자 하나님 안에서 참 자유를 얻기 시작했다.

우리가 성장기의 소산이라는 것은 흥미로운 일이다. 만약 우리가 어릴 때부터 계속 거짓말을 듣는다면 성인이 되어서도 남을 신뢰하기는 어려울 것이다.

또한 만약 누가 어린 시절에 성적으로 괴롭힘을 당한다면, 성인이 되어서도 이성과 친밀해지기는 것을 쉽게 경험할 수 없을 것이다. 만약 아이 때 버림을 받았다면 성인이 되어서도 안정감을 찾기 어려울 것이다.

하나님께서는 자녀들이 그러한 불리한 함정에 빠져 있는 것을 원하지 않으시므로 종종 힘든 시련을 주심으로 우리에게 치유와 성장의 계기가 되는 통찰력을 부여하신다.

나는 어렸을 때 인정받기 위해서 전력을 다해 노력했다. 성인이 되어서도 마찬가지였다. 하나님과 나의 관계에서도 비록 머리로는 잘 알고 있었다고 자부했지만, 결국 내 공적들에 의해 하나님께 인정받기를 원했고 그것이 옳다고 착각하고 있었다.

결국 그 잘못된 개념을 재정(裁定)하고, 그러한 잘못을 범했던 이유를 인식하며 궁극적으로는 충실하신 하나님을 완전히 신뢰할 수 있게 되었을 때, 나는 성장하고 변화하기 시작했다. 나는 실제로 내 영혼과 육체에서 그 사실을 충분히 깨닫고 있었다.

그러한 변화들과 함께 나는 하나님의 사랑과 수용뿐만 아니라 전에는 결코 알지 못했던 자유도 경험할 수 있게 되었다.

바울은 다음과 같이 말했다.

"그리스도께서 우리를 자유케 하려고 자유를 주셨으니(갈라디아서 5장 1절)."

얼마나 감동스러운 말씀인가! 그리스도가 우리를 하나의 멍에에서 자유롭게 하셨던 것은 다른 멍에에 예속되도록 하시기 위해서가 아니셨다. 그리스도가 우리를 자유롭게 하신 것은 우리가 그리스도 안에서 자유를 향유할 수 있도록 하기 위해서였다.

하나님은 우리의 노력이 무익하다는 것을 보여주시기 위해 내가 직접 경험하도록 하셨을 뿐만 아니라, 내 인간적 성향을 극복하도록 말씀도 함께 주셨다.

하나님은 내 주위에 내 능력 때문이 아니라, 나를 있는 그대로 진심으로 사랑하는, 친절하고 의지할 수 있는 성도들을 모아 주셨다. 그들은 내게 진실하고 충실하며 헌신적으로 도움을 주었다.

이제 마침내 나는 자유로워지고 있는 중이다. 다른 사람들의 요구와 기대로부터 자유로워지고, 실패에 대한 두려움으로부터 자유로워지고 내 자신이 인정받을 수 있는가에 대한 다른 사람들의 시선으로부터 자유로워지고 있다. 그리하여 어떤 수많은 욕구들에 부대끼던 지난날의 내가 아닌, 바로 하나님의 자녀로서의 세상에서 찾을 수 없는 참된 자유를 누리고 있다.

더 나아가 나를 있는 그대로 받아주시는 하나님의 은혜를 경험하고, 하나님이 원하시는 그 모습 그대로를 인정하는 것을 배우고 있는 중이다.

나는 또 내가 세상을 움직이는 책임이 있는 것이 아니라는 것도 깨닫고 있는 중이다. 그리고 무엇보다도 자유를 구가할 수 있는 자유를 발견해 가고 있다.

나는 가족으로부터 많은 훌륭한 것들을 배웠고, 가족이 내게 가르쳐 준 모든 것들에 대해 많은 빚을 지고 있다. 그러나 하나님의 은혜, 다시 말해 하나님이 나를 받아들여 주심으로, 내 삶에 새로운 의미가 부여된다는 것을 깨닫도록 도와주신 분은 바로 하나님이시다.

하나님은 지금까지 나의 가장 위대한 스승이셨으며 또한 가장 위대한 교훈—하나님은 단지 있는 그대로의 나를 사랑하신다—을 내게 가르쳐주셨다.

루스 벨 그레이엄

찬양과 근심은 같은 마음속에서 살 수 없다

루스 벨 그레이엄과 복음 전도사인 남편 빌리 그레이엄은 하나님에 대한 찬양으로 전 세계적으로 명성을 떨쳐 왔다.

중국에서 상하이 북쪽 3백 마일 지점에 위치한 '장로교회 병원'의 의료 선교사였던 엘 넬슨 벨 박사 부부에게서 태어난 루스는 휘턴대학 재학 중 빌리를 만났다. 그들은 휘턴대학 졸업 후인 1943년 결혼했다.

루스는 짧은 기간 동안 목사의 아내로 일리노이주의 웨스턴 스프링스에서 거주했다. 그레이엄 박사가 완전히 복음 전도사가 되었을 때, 그레이엄 부부는 노스캐롤라이나주의 몬트리트에 정착했다. 그들 부부에게는 다섯 자녀와 열아홉 명의 손자와 두 명의 증손자가 있다.

루스는 네 권의 책을 저술했으며 열렬한 독서광이기도 하다. 그녀는 사람들과 함께 나눌 것을 아주 많이 갖고 있어서 강연자로서도 큰 인기가 있다.

그러나 그녀는 "한 가족에 전도사가 한 사람이면 충분해요."라고 말하면서 주로 남편에게 양보한다.

성경에서는 "늙은 여자로는 젊은 여자들을 교훈하라(디도서 2장 3절~5절)." 고 했다. 비록 루스는 나보다 그렇게 나이가 많지는 않지만 내가 가장 찬탄하며 지켜보고 사랑해 온 여성들 중 한 사람이다. 나는 그녀보다 더 현명하고 그리스도적이며, 그처럼 남편과 자신을 기꺼이 세상과 공유하려는 여성을 난 지금까지 만나본 적이 없다. 그녀는 현대의 '잠언 31장'의 여성이며 나와 수백만의 다른 사람들에게 모범이 되고 있다.

그녀는 '삶의 폭풍우 속에서' 자신의 철저한 믿음과 함께, 어떻게 일상의 시련들을 극복하였는지 상징적으로 보여주고 있다.

위협적이긴 하지만 멀리서 아련하게 천둥소리가 들려오고 있었다. 그러나 시냇가의 전나무들과 침실의 창문과 거리의 떡갈나무들과 소나무에 휘몰아치는 바람은 폭풍우가 가까이 다가오고 있음을 알리고 있었다.

평생 나는 폭풍우를 사랑해 왔었다. 그러나 그런 때는 튼튼하게 지어진 집 안에서거나 어릴 적에 엄마와 아빠가 옆에 있을 때, 실제로 나쁜 일은 절대로 일어나지 않을 것이라고 확실하게 안심하고 있었을 때였다.

바람은 드디어 위협하듯 거세어지더니, 바로 머리 위에서 날카롭게 찢어지는 듯한 소리가 들려왔다. 곧 나는 조그만 발을 토닥거리며 뛰어오는 소리를 들었고 "엄마?"라고 속삭이는 아이들의 목소리를 들었다.

폭풍우의 격렬함에 따라 어둠에 싸인 아이들이 젖혀진 이불 속으로 파고들어 오자, 서로 의지하는 힘에 의해 이불은 다시 원래 상태로 돌아갔다.

우리는 이불 속에서 함께 무서워하지 않고 폭풍우 소리를 들으며 사랑에 둘러싸여 서로 꼭 껴안고 있었다. 폭풍우가 조용해지자, 우리는 천천히 잠 속으로 빠져들어 갔다.

그 후 자라면서 아이들 모두가 자신들의 삶에서 개인적인 폭풍우들을 견디고 있는 것을 알았을 때, 나는 한밤중에 잠에서 깨어 아이들이 그 폭풍우 속을 걸어나갈 수 있기를 기도하곤 했다.

그러면 나는 마치 "엄마?" 하고 속삭이는 소리를 들을 수 있는 것 같았다. 그러나 그곳엔 아무도 없었다. 나는 천둥이 멀리 있다는 것을 알고 있었고 나는 그 순간, 무엇인가 할 수 있다는 것을 알고 있었다. 그것은 바로 기도하는 것뿐이었다. 그리고 하나님은 하루 중 이른 시간을 잘 이용하도록 해주셨다.

외국이었고 이른 아침이었다. 비록 지쳐 있었지만 새벽 3시경에 나는 눈을 떴다. 내가 아주 사랑하는 사람의 이름이 뇌리에 갑자기 떠올랐다. 그것은 마치 전기충격 같았다. 즉시 나는 완전히 잠이 깨었고 더 잠을 잘 수 없다는 것을 알았다. 그래서 나는 누워서 하나님으로부터 멀어지려고 열심히 애쓰고 있는 사람을 위해 기도했다.

주위가 어둡고 상상력이 마음대로 활개를 칠 때면 오직 엄마들만이 이해할 수 있는 두려움이 있다.

갑자기 하나님이 내게 말씀하셨다.

"문제를 깊이 생각하는 것을 그만두고 약속들을 깊이 생각하여라."

그때까지 하나님은 내가 들을 수 있도록 말씀하신 적은 한 번도 없었지만, 말씀하실 때 잘 못 듣는다는 것은 있을 수 없는 일이었다.

그래서 나는 불을 켜고 성경책을 펼쳤다. 머리에 떠오르는 첫 구절은 빌립보서 4장 6절과 7절이었다.

"아무 것도 염려하지 말고 오직 모든 일에 기도와 간구로 너희 구할 것을 감사함으로 하나님께 아뢰라. 그리하면 모든 지각에 뛰어난 하나님의 평강이 그리스도 예수 안에서 너희 마음과 생각을 지키시리라."

혹은 '해석판'에서는 다음과 같이 말하고 있다.

"어떤 것에 대해서 괴로워하거나 걱정하지 말며, 모든 상황과 모든 것에서 기도와 간구(명확한 간청)로써 감사함으로 너희가 구하는 바를 계속하여 하나님께 아뢰라."

갑자기 나는 내 기도에 '감사'에 대한 요소가 없다는 것을 알았다. 그래서 나는 성경책을 내려놓고 하나님께서 하나님이심을 찬양하며 시간을 보냈다.

하나님께서 하나님이심은 어떤 인간의 이해 범주도 벗어난다는 것이었다. 우리가 아는 것이 얼마나 적은가를 깊이 생각하는 것만으로도 의심이 해소되고 믿음이 강화되고 기쁨을 되찾게 된다.

나는 내가 너무도 깊이 사랑하는 사람들을 내게 주신 것을 하나님께 먼저 감사드리기 시작했다. 내게 너무도 많은 것을 가르쳐주셨던 힘들었던 시간들에 대해서도 하나님께 감사드렸다.

그리고 어떤 일이 일어났는지 여러분이 안다면 놀랄 것이다. 그것은 마치 누가 내 정신과 마음에 불을 켜서, 쥐와 바퀴벌레들처럼 어둠 속에서 조금씩 잠식하고 있던 두려움과 근심이 갑자기 숨을 곳을 찾아 허둥지둥 도망치는 것 같았다.

나는 바로 그때 찬양과 걱정은 같은 마음속에서 살 수 없다는 것을 알았다. 찬양과 근심은 상호 배타적이라는 것을.

패티 해리스

깊은 우울증으로부터 해방되었다

패티 해리스는 '그리스도를 위한 대학십자군'의 스태프에 합류하기 전에 교육계에서 오랫동안 일했다. 그녀는 미국과 아프리카에서 초등학교 음악교사와 초기 아동교육 전문가로, 그리고 교육 행정관으로 봉직했다.

그녀는 '대학십자군' 스태프의 일원으로 워싱턴 DC 지역의 여성들에게 영성훈련 선교활동을 하고 있다. 그녀는 또한 '지역사회 리더십을 위한 천부적인 자질'에 대한 연구와 평가를 주도하고 있다. 그녀는 크리스천 생활의 많은 영역들에 대한 공동연구회들을 이끌며 국내의 여러 여성 모임에서 강연하고 있다.

이 글에서 그녀는 우울증을 극복하고, 많은 시련이 있었음에도 불구하고 즐겁고 활기차게 살아가는 비결을 이야기하고 있다.

나는 내 삶의 대부분의 시간들을 질 낮은 열병의 유형으로서밖에 설명할 수 없는 슬픔 속에서 늘 살아왔다.

내가 우울한 유형의 성격이라는 것을 알고 있었기 때문에 여러 해 동안 우울한 것을 정상적인 것으로 생각해 오기도 했었다.

나는 우주가 균형을 이루기 위해 음과 양의 힘이 필요하듯이 그렇게 내 성격도 세상의 낙천주의자들과 균형을 이루기 위해 창조되었다고 믿었다.

한 번은 친구가 내게 숲속에서 걷고 있는 한 소녀를 상상해 보라고 했다. 나는 내 성격에 맞게 위험이 사방에 잠재해 있는 어둡고 불길한 기운이 흐르는 숲을 상상했다.

지금도 이해하기 어려운 것은 그 우울한 느낌 속에서도 내가 어떤 만족감을 느꼈다는 것이다.

내 정신은 끊임없이 우울해 있었지만, 환경은 내 부정적 사고방식과는 많이 달랐다.

오직 딸 하나만 낳으신 부모님은 내가 모든 교육과 문화적 혜택을 받을 수 있도록 열심히 일하시고 희생하셨다. 나는 삶에서 너무도 많은 긍정적인 시간들을 경험했기 때문에 표면적으로는 호감이 가고 명랑한 사람이라는 인상을 주곤 했다.

이 시기를 통하여 나는 교사와 교육 행정관과 직업여성과 전문직 여성들이 정신적으로 필요로 하는 것에 도움을 주는 크리스천 단체 스태프의 일원으로 겨우 그 일들을 해나가고 있었다. 아이러니하게도 나는 즐거운 크리스천 생활의 모델이 되려고 노력하고 있었다.

그러나 30대 무렵에는 슬픔이 아주 심각한 두려움으로 발전했으며 40대에는 우울한 느낌이 우울증으로까지 발전했다.

나는 자신의 감정에 대하여 이야기하는 것은 나쁜 습관이라고 믿으면서 성장했기 때문에 극소수의 사람들만이 눈에 보이지 않는 나의 이 은밀한 병에 대해 알고 있었다.

나는 밤낮을 가리지 않고 나를 개인적으로 격려하는 사람들을 방문했고 그들은 내가 한탄하고 괴로워하는 것에 충실히 귀를 기울여 주었다. 그들을 만나고 기도하면서 나는 일시적으로 위안을 얻곤 했다.

내가 깊이 슬퍼하는 이유를 명확하게 말할 수 있기까지는 여러 해가 소요되었다. 내 사고들은 '실망과 채워지지 않은 꿈들'이란 내 삶의 틀에 고정되어 있었다.

이제 나는 나이 50을 바라보며 여전히 독신이고, 여전히 많은 독신 여성들이 겪는 불행—유예된 희망—으로 고통받고 있었다. 시간은 계속해서 흘러갔고 나는 그 뒤에 남아 슬퍼하면서 건강을 해치고 있었다.

전환점은 내가 정신적으로 아주 우울해 있던 시기에 찾아왔다. 몇 달째 집중할 수가 없었고 컴퓨터 화면을 볼 때마다 염증을 느끼고 있었다.

최근에 일하는 시간들은 주로 컴퓨터 화면을 보며 명쾌한 아이디어가 떠오르길 기대하면서 사무실 바닥을 걸어다니거나 소리

없는 비명을 지르거나 다시 컴퓨터 앞으로 돌아가 앉는 행동을 끝없이 반복하고 있었다. 그러나 머리 속은 맑아지지 않고 아이디어는 더 이상 떠오르지 않았다.

결국 어느 날 나는 '이건 어처구니없는 짓이야.'라고 생각하며 전문적인 도움을 받으러 갔다. 나는 내 옆 사무실을 빌려쓰고 있던 전문 상담인에게 물어보았다.

"신경쇠약에 걸리면 어떻게 되죠?"

"증상 중 하나는 자제할 수 없는 느낌이 들죠."

나는 한숨 지으며 말했다.

"내가 지금 그래요. 어떻게 해야 하죠?"

"패티, 만약 정말로 그렇다면 병원에 입원해서 검진을 받는 것이 최선의 방법이에요."

나는 그런 대답을 기대하지 않았다. 나는 마음을 진정시켜 주며 위로하는 말을 듣고 싶었다. 그러나 입원이라니! 나는 무섭기도 하고 화도 났다. 이제 온 세상이 내가 신경쇠약이라는 것을 알게 될 것이었다. 자신이 불쌍하게 느껴지는 것과 모든 사람들이 나를 불쌍하게 생각하는 것은 전혀 별개의 문제였다.

다음날 아침, 나는 여느 때처럼 베개에 머리를 파묻고 있었다. 그러나 이번에는 내 비참한 상태에 몹시 화가 났다.

'나는 어떤 병원에도 안 갈 거야! 나는 그 사실을 견더낼 수 없어. 게다가 많은 사람들이 나를 의지하고 있기 때문에 자리를 비

울 수도 없어!'

나는 분노에 휩싸여 완전히 자포자기한 상태로 하나님에게 절규할 수밖에 없었다.

"하나님 저는 도움이 필요합니다! 그렇지만 하나님 말고는 누구에게도 가고 싶지 않습니다! 하나님께서 나의 정신의학의, 의사가 되어 주십시오. 하나님의 얼굴을 찾아 하나님의 약속을 구합니다."

그러자 하나님께서는 극적인 방법으로 내 간절한 기도에 응답하셨다. 그 후로 나는 다시 전문적인 도움을 구할 필요를 전혀 느끼지 못했다—비록 전문가들을 좋지 않게 생각하는 것은 아니지만.

나는 오래 전에 누군가가 말해 주었던 다윗 왕에 관한 구절을 생각하기 시작했다.

"백성이 각기 자녀들을 위하여 마음이 슬퍼서 다윗을 돌로 치자 하니 다윗이 크게 군급하였으나 그 하나님 여호와를 힘입고 용기를 얻었더라(사무엘상 30장 6절)."

다윗에게는 승산이 없었다. 오랫동안 사울과 그의 군대의 추적을 피해 죽음을 교묘하게 모면해 왔었다. 이제 약탈자의 무리들에 의해 아내와 자식들을 유괴 당한 그 자신의 백성들이 그를 비난하고 처형하려 하고 있었다.

누가 다윗을 옹호하며 그 자리에 있었는가? 아내도, 친구들도 없었다. 지지하는 무리들도, 읽어서 위안이 될 책도 없었다. 말할 것도 없이 다윗은 우울해졌다.

다윗과 하나님 사이에 무슨 일이 있었는지 모르지만, 그는 용기와 확신을 되찾아 결국은 구출 작전을 성공으로 이끌었다.

다윗이 그랬던 것처럼, 나도 하나님 안에서 용기를 가질 수 있도록 그 길을 제시해 주시기를 절절히 기도했다. 그날 나는 내 신앙생활에서 가장 위대한 모험 중 하나를 시작했다.

이제는 어두운 먹구름이 내 머리 위로 막 비를 쏟아내려 하고 내가 자신의 고통과 실망들에 휩싸이기 시작할 때, 나는 자신에게 용기를 주는 신앙 형식을 실천한다.

첫째, 기뻐하라. 만약 다음의 것들이 사실이라면 기뻐해야 한다고 생각한다.

- 주의 앞에는 기쁨이 충만하다(시편 16편 11절).
- 예수님은 내가 기쁨을 가지기를 원하신다(요한복음 15장 11절).
- 예수님은 십자가에 기쁘게 못 박히셨다(히브리서 12장 2절).
- 하나님을 기뻐하는 것이 나의 힘이다(느헤미야서 8장 10절).

그렇다면 나는 항상 이런 기쁨을 가져야만 한다. 의지로서라도 나는 기뻐하기로 결심했다. 나는 기쁨을 찾고, 기쁨을 구하고, 기쁨을 붙잡고, 기쁨을 소중히 하고, 기쁨을 기뻐하기로 결심했다.

둘째, 하나님의 특별한 약속들이 내가 필요한 것과 관련이 있을 때, 그 약속들을 깊이 숙고하라. 숙고할 때 나는 다음의 것들을 명심한다.

- 하나님은 하나님에 관하여 말씀하심에 틀림없다.
- 하나님은 나에 관하여 말씀하심에 틀림없다.
- 하나님은 나에 대한 하나님의 사랑을 말씀하심에 틀림없다.

하나님과 관련된 다윗 시대의 증언인 시편을 읽으면서 깊이 숙고하고 그 안에 담겨 있는 진리들을 확언할 때, 나는 마음속으로 작렬하는 기쁨을 느꼈다.

나는 실제로 내 몸에서 아드레날린이 넘쳐흐르는 것을 느꼈고, 마침내 침대에서 뛰어나와 일상의 문제들을 정면으로 직시할 수 있었다. 다윗의 삶을 통하여 알게 된 신앙 원리에 따라 생활함으로써 나는 삶의 가장 위대한 교훈을 배웠다.

그 결과, 내 삶은 근본적으로 달라졌다. 나는 사람들에게 지금이 그 어느 때보다도 행복하고 만족한다고 말한다. 그러나 그렇게 말하면 사람들이 내가 지나온 힘든 시간들을 무시한다고 여길 수도 있어서 다음 말을 보충한다.

"나는 여전히 같은 문제들을 안고 있다. 어두운 먹구름들은 막 비를 쏟아내려 하고 고통은 계속하여 남아 있다. 그러나 이제 나는 이 모든 것들을 어떻게 해야 할지를 안다. 나는 하나님 안에서 용기를 가지는 법을 배웠다."

진 헨드릭스

죽음은 더 이상 두려운 대상이 아니다

펜실베니아주 필라델피아 출신인 진은 독실한 크리스천 가정에서 성장했다. 그녀는 생활의 많은 부분을 지역교회와 청소년 활동으로 할애했다.

그녀는 뉴욕의 호우턴대학과 일리노이주의 휘턴대학을 다녔으며 댈러스의 남부 감리교 대학에서 '저널리즘'으로 문학사 학위를 취득했다.

그녀는 현재 업무와 성경에 대해 정식으로 교육을 받고 있으며, 하버드대학에서 미국 가정과 미국 사회 내에서의 노화에 대한 연구를 해오고 있다. 또한 연구와 선교활동을 위해 유럽, 아프리카, 중동 그리고 동양으로 여러 번 여행을 했다.

그의 남편은 저명한 교수이며 댈러스 신학교의 '크리스천 리더십 센터'의 회장인 하워드 G 헨드릭스다. 그들에게는 결혼한 네 자녀와 다섯 명의 손녀들이 있다.

직업적으로 진은 목사의 아내이자 교수이며 프리랜서 작가이기도 하다. 현재 여성집회와 청소년 세미나 등에서 아주 인기 있는 강연자이며 남편과 팀을 이루어 가정생활을 위한 여러 집회에서 강연하고 있다.

여러분은 진이 죽음의 공포를 극복하고 삶의 진정한 목적을 발견하는 과정에서 배웠던 교훈들을 함께 나누면서 고무될 것이다.

주변에 있던 사람들이 죽고 없을 때, 나이든 여자들은 실패했던 과거의 기억들을 잊기 쉽다. 그러나 나이가 들어서 주름은 졌지만 어린 소녀적 감수성들이 가족의 역사를 다시 쓰기 위해 되살아날 수 있다.

나는 죽음이란 생각이 어릴 적부터 너무도 오랫동안 내 목을 죄어 왔기 때문에 그것을 무시하고 싶은 유혹이 든다. 그러나 동시에 나는 그것을 사실 그대로 기억해낼 수 있기를 진심으로 열망하기도 한다. 왜냐하면 그렇게 해야만 내가 삶에 관해 배운 것과 욥이 '공포의 대왕'이라고 한 죽음으로부터 어떻게 자유로울 수 있었는지 말할 수 있기 때문이다.

오랫동안 나는 사람들에 관해 배워야만 되는 것이 있음을 알지조차 못했다. 모든 신생아들처럼 내가 태어나 보니 세상에는 사람이란 존재가 있었으며 그저 그들과 함께 살게 되었다.

나는 그들을 그대로 흉내내었고 의문 같은 것은 품지 않았다. 그러나 그 중 어떤 사람이 갑자기 더 이상 눈에 보이지 않으면 이상하게 생각되었다.

로버트 브라우닝의 말들이 내 경험을 대신 설명해 준다.

"너는 죽을 때까지 결코 삶이 의미하는 것을 알지 못할 것이다. 삶 전체를 통해 삶을 존재케 하는 것은 바로 죽음이다."

죽음은 세상을 향해 자신의 존재를 엄숙하게 토로했다. 죽음은 인생의 끝에 오는 취소할 수 없는 종결인 마침표든지—느낌표든지—물음표였다. 죽음은 가장 심원한 불빛이 꺼지는 것이며 길의 끝이며 마지막 짓밟힘이며 인간성 최후의 결정적인 굴욕이었다.

죽음은 내가 여섯 살 때 처음으로 나와 정면으로 마주쳤다. 온몸이 마비될 정도의 공포를 내 어린 존재에 불어넣었다.

캐리 숙모는 가까이 살고 계셨다. 숙모는 나를 자주 돌봐 주셨고 내가 가장 좋아하는 네 명의 사촌의 어머니였다. 그리고 우리 가족은 거의 매주 필라델피아 근교에 있는 숙모 댁에서 일요일 저녁 식사를 하곤 했다.

그러던 어느 해 봄, 폭풍우가 몰아치던 날 밤에 나는 어두운 거실에서 아버지 무릎에 앉아 있는 숙모의 시신을 보게 되었다.

아무도 내가 만족할 만큼 그 이유를 설명해 주지 않았다. 내 사촌들은 나만큼이나 혼란스러운 것 같았고, 어른들은 거의 말씀을 하지 않으셨다.

집에 돌아와서 아버지는 숙모의 심장 주위에 지방이 너무 많이 있었다고 말씀하셨다. 어쨌든 캐리 숙모는 돌아가셨고 모든 것이 예전같지 않게 되었다.

10년이 흘러갔고, 내게는 삶과 죽음의 불확실성이 더 모호해진 시간들이었다.

그 동안 나는 예수 그리스도에게 내 삶을 바칠 것을 개인적으로 서약했다. 나는 적어도 이론적으로는 죽음이 궁극적으로 의미하는 것을 이해했지만, 사랑하는 누군가가 돌아올 수 없는 길을 가버렸을 때의 그 애끓는 상실의 고통은 조금도 완화되지 않고 있었다.

나는 진정으로 내게 필요한 것이 무엇인지를 이해할 수 없는 것은 물론이고 내적인 두려움의 정체도 정확히 파악할 수 없었다. 나는 또 하나의 파괴적인 상실에 전혀 준비가 되어 있지 않았다. 그 다음에는 죽음에 대해 알기 위해 정신을 바짝 차리고 있었으나 대신 귀를 막고 있었다.

내가 여덟 살 무렵이 되었을 때, 우리 가족의 친구가 된 플로이드 아저씨와 그레이스 아줌마가 시간을 함께 보내자고 우리를 초대하기 시작하셨다. 그분들에게는 아이가 없었다.

두 분이 그들의 독일인 친척들을 방문하기 위해 반짝거리는 차에 나를 태우고 가실 때 나는 그들에게 완전히 매혹되었다.

플로이드 아저씨의 친척분들 중 한 분은 과자가게를 하고 계셨고, 다른 한 분은 조그만 농장을 소유하고 계셨다. 두 분 다 아주 재미있는 이야기꾼들이셨고 유쾌하고 상냥하고 친절하셨다.

힘들었던 10대 초반에 사랑이 풍부하고 진취적인 그분들과 함께 나는 매우 행복한 시간들을 보낼 수 있었다. 나는 그분들을 통해 처음으로 순수하게 즐길 수 있는 방법을 알게 되었다.

그러던 어느 날, 아무런 예고도 없이 어떤 주말 수양회 중에 플로이드 아저씨는 나를 한쪽 구석으로 데리고 가시더니 나를 사랑한다고 하시면서 작별인사를 하셨다. 아저씨는 '심장이 새어서' 심장 수술을 받으실 예정이라고 하셨다.

"오 설마! 안 돼요. 아저씬 좋아지실 거예요. 그러시리라는 걸 저는 알아요."

나는 반박했다. 그러나 아저씨는 본능적으로 직감하고 계셨고, 약 1주일 후에 그레이스 아줌마로부터 돌아가셨다는 전화를 받았다.

나는 그 자리에서 달아나 비명을 지르고 나를 질식시키는 내 목의 올가미를 어떻게든 풀어서 모든 것을 바꾸고 싶었다. 그러나 나는 관 옆에 서서 진실과 직면해야만 했다.

하지만 플로이드 아저씨의 얼굴만은 도저히 쳐다볼 수 없었다. 나는 눈을 감고 부인하려 애썼지만 어떻게 해야할지 그 방법을 전혀 알 수 없었다.

매년 그리스도의 부활을 찬양할 때마다 나는 고린도전서 15장의 구절들을 기억했었다. 그리고 자주 다음과 같이 찬송했었다.

"사망아 너의 이기는 것이 어디 있느냐. 사망아 너의 쏘는 것이 어디 있느냐(고린도전서 15장 55절)."

그러나 그 괴물은 계속 내 뒤를 추격해서 그 어느 때보다도 가장 가까운 곳까지 와 있었다. 나는 젊은 성인으로서 조금은 더 철학적이 되려고 노력했다. 내 아기 중 세 명이 태어나기도 전에 죽었을 때 나는 실제로는 그런 일이 일어나지 않은 것처럼 행동했고 받아들였다. 그렇지만 내가 죽음으로부터 달아날 수 있는 길은 없었다.

어느 날 어머니는 내게 아버지가 암 말기라고 말씀하셨다.

'안 돼! 아버지는 안 돼! 아버지는 너무도 크고 강하고 따뜻하고 애정이 넘치시는 분이니, 하나님이 예외로 해주실 거야!'

나는 그렇게 믿었고 부모님 집으로 달려가 거실에서 어머니와 함께 아버지의 기적적인 회복을 기도로써 간구했다. 그러나 암은 계속 악화되어 갔고, 치명적인 대가를 치러야 했다. 아버지의 기민하신 위트와 매력적인 성품은 자취를 감추었다.

아버지는 목이 쉬었기 때문에 작은 소리로 말씀하시면서 나를 심각한 눈으로 꿰뚫어 보셨다. 나는 아버지를 잘 알고 있었다. 우리는 매우 자주 이야기를 나누었고, 아버지는 신비한 통찰력과 상식이 풍부한 충고들로 수없이 내게 도움을 주셨다.

이제 이번이 아버지의 마지막 기회였고, 하나님께서는 아버지가 오랜 세월에 걸쳐 서로 신뢰를 쌓아온 둘째딸인 내게 그 어느 때보다 중요한 충고를 할 수 있도록 허락하셨다.

아버지는 당신의 쇠약해진 팔을 내게 내미시고 내 불안한 가슴을 오히려 다독거려 주시기 시작하셨다.

"얘야, 슬퍼하지 마라. 하나님께서는 내게 많은 시간들을 주셨어. 중요한 건 그것이야. 이제 하나님은 너와 네 남편과 너희 아이들이 그 삶을 계속해 나가기를 원하신다. 그러니 오직 하나님만을 위하여 살아가도록 해라. 하나님이 너에게 말씀하시는 대로 행동해라. 그러면 언젠가는 우리는 다시 만나게 될 거야."

여러 달 동안 마음의 준비를 할 시간이 있었음에도 불구하고, 나는 여전히 '아버지가 돌아가셨다'는 그 차가운 말에는 준비가 되어 있지 않았다. 나는 정말로 그렇게 뜨거운 눈물을 그치지 않고 계속 흘리며 울어본 적이 한 번도 없었다.

내가 태어난 이후 언제나 안정과 위안을 끊임없이 주시던 아버지께서 땅에 묻히시던 그 음울한 10월의 오후보다 내 삶에서 더 춥고 쓸쓸한 날은 없었다.

캐리 숙모는 알 수 없는 공허함을 내게 남겨 놓으셨고, 플로이드 아저씨는 나를 사랑한다고 말씀하셨지만 나는 아저씨의 부재를 원망했다.

또한 아버지는 내게 당신의 죽음에 대한 준비를 시키려 하셨고, 마침내 나는 죽음에 대해 조금씩 이해하기 시작했다.

'죽음은 나보다 더 크고 더 강하지만 나는 죽음의 희생양이 될 필요는 없다. 나는 죽음으로부터 무엇인가를 배울 수 있다.'

잠자는 것은 내가 항상 좋아하는 일 중의 하나였지만 아버지께서 돌아가신 후 나는 깊은 상실과 슬픔으로 뜬눈으로 잠자리에 누워 있곤 했으며 자주 한밤중에 일어나 더 이상 아버지를 만날 수 없다는 것을—아니면 만날 수 있을까—생각하며 뜨거운 눈물을 흘리며 울었다. 나는 아버지께서 말씀하셨던 것들을 기억하여 상기시켰다.

첫째, 희망이 있다. "우리는 다시 만나게 될 거야."라고 아버지는 말씀하셨다.

물론 이 말씀은 예수님이 십자가에 못 박히시기 전에 제자들에게 하신 말씀 그대로다. 죽음이란 진정한 끝은 아니었다.

둘째, 아버지는 돌아가셨으나 나는 여전히 내 가족들과 여기에 남아 있다. 아버지는 이제 내 차례라고 말씀하셨다. 순서를 넘겨주신 것이다.

새로운 결의가 내 사고 속에 자리잡기 시작했다. 자주 반복되던 다음의 짧은 구절이 명백해졌다.

"단지 한 번의 삶, 그것은 곧 지나가 버릴 것이다. 오직 그리스도를 위해 행한 것만 영원할 것이다."

나는 아버지의 침대 옆에서 이별하던 장면을 기억하면서 점차적으로 용기를 얻어가기 시작했다. 마치 정신에 필요한 비타민을 섭취한 것처럼 내 목적은 명백하고 구체화되어졌다.

나는 죽음과 무덤의 독소를 제거함으로써 바울이 말한 것을 이해하기 시작했다.

죽음은 삶이 '훌륭하게 싸우는' 다른 전사에 의해 계속되어질 때 이해되고 중화된다. 죽음은 하나님 은혜의 완전한 예비 속에 포함되어 있는 단지 하나의 절차에 불과하다.

어머니께서 23년간 혼자 사시다가 내 집에서 돌아가셨을 때 나는 슬펐으나 한편 내가 어머니와 아버지의 사랑의 결과로써 이 세상에 태어나는 특권을 누렸었다는 것에 마음속 깊은 곳에서 우러나오는 기쁨을 느꼈다.

공허함과 허전함은 여전히 그 자리에 있었으나 그것들은 '이제 내 차례'라는 도전의식에 의해 그 빛이 퇴색되었다.

예수님께서는 매우 강조하시면서 내게 말씀하셨다.

"자기 생명을 사랑하는 자는 잃어버릴 것이요. 한 알의 밀이 땅에 떨어져 죽지 아니하면 한 알 그대로 있고, 죽으면 많은 열매를 맺느니라(요한복음 12장 24절~25절)."

그래서 나는 예수님이 "잘했다, 착하고 충실한 종아."라고 말씀하실 수 있도록 앞으로 전력을 다해 다른 사람들을 위해 살리라 결심했다.

나는 무지한 탓으로 캐리 숙모의 죽음으로부터 사람에 대한 공포를 느꼈다. 왜냐하면 나는 사람이 얼마나 중요한 존재인지 몰랐기 때문에 당연하게 받아들였었다.

플로이드 아저씨의 죽음에서는 사람들이 내 삶에 나타났다가 사라지는 것을 인정하지 못했기 때문에 공포 속에 남게 되었었다.

아버지의 죽음은 가혹하기는 하나 매우 유능한 교사로서 내게 작용하였고 하나님께서 그 죽음을 직시하여 극복하고 수용하도록 도우셨다.

하나님은 캐리 숙모와 플로이드 아저씨를 통해 조용한 어린 소녀에게 사랑의 손길을 내미셔서 당신의 삶의 가장 중요한 부분을 공유하게 하셨다.

또한 아버지의 죽음을 직면케 하여 나에게 불가능해 보이는 일을 하심으로써 나에게서 죽음에 대한 공포심을 일소해 주셨다.

이 중요한 세 죽음이 내게 미친 가장 놀라운 영향은 내가 사람들을 사랑하게 되었다는 것이다.

나는 어릴 때 수줍음이 많았고, 10대 때는 고통스러울 만큼 자신이 없고 소심하고 자의식이 강했다. 사람들 앞에 나서기를 두려워하며 그들의 나에 대한 평가에 항상 전전긍긍했기 때문에 내 존재 목적이 다른 사람들과의 관계에 있다는 것을 깨닫는 데 시간이 걸렸다.

결국 나는 그리스도로부터 받은 사랑과 확신으로 사람들과 접촉하면서 마치 내 자신이 3단계 로켓에 장착된 탄두처럼 그들에게 봉사하는 삶의 방향으로 발사되는 것을 느꼈다.

무엇보다도 장례식은 더 이상 내 어린 시절처럼 몸이 마비되어 꼼짝 못할 정도로 두려운 대상이 아니었다.

사람들이 장례식에서 정치적인 데모 행진으로 관심을 돌리든지 혹은 방탕과 술에 빠지려고 하든지, 우리는 모두 다 죽음의 존재

앞에서는 무력하다. 우리가 무력하지 않게 되는 것은 불가능하다.

예수 그리스도께서는 보혈을 흘리시며 고통 가운데 자신의 죽음에 직면했을 때, 믿을 수 없을 정도로 고뇌하셨다. 그러나 그분은 죽음을 진지하게 받아들이셨다. 우리도 그래야만 한다.

우리 누구도 죽음의 마수를 벗어날 수는 없으나 그것이 미치는 영향에서 벗어날 수는 있다. 우리는 그리스도에 의한 구원을 통해 죽음을 초월하는 승리를 거둘 수 있다.

요한에게 하신 예수님의 말씀들이 내게는 가장 위안이 된다.

"두려워 말라. 나는 처음이요, 나중이니 곧 산 자라. 내가 전에 죽었었노라. 볼지어다, 이제 세세토록 살아 있어 사망과 음부의 열쇠를 가졌노라(요한계시록 1장 18절)."

케이 제임스

흑인이라는 좌절 속에서 피어난 꿈

케이 제임스는 부시 대통령에 의해 임명되고, 상원의 인준을 받아 1989년 5월 보건 후생부(Department of Health and Human Services)의 공무담당 차관보가 되었다.

그녀는 보건 후생부 장관에게 공무에 관해 조언하고, 정책과 프로그램들에 영향을 미치는 중요한 의사 결정에 참여하며, 5백 명 이상의 전문가들을 필요로 하는 보건 후생부의 전반적이고 포괄적인 공무 프로그램을 주도했다.

버지니아주 출신인 그녀는 햄프턴 공과대학에서 이학사 학위를 취득했다. 오랫동안 가정문제에 관심을 가져온 그녀는 '삶을 추구하는 흑인계 미국인들'의 설립자들 중 한 사람이다.

그녀와 남편인 찰스 E 제임스는 1985년에 미국 가정의 위기에 대해 연구하고자 '전국 가정 연구소(National Family Institute)'를 설립했다.

관리자와 인사담당 이사, 그리고 행정관으로서 다양한 업무들을 거치면서 그녀는 버지니아주의 평등한 주택 공급 기회를 포함하여 사회복지를 두루 증진시키는 사람으로 인정받았다.

그녀는 또한 '가족과 아동 상담소'와 '버지니아주 리치먼드 메트로폴리탄 임신 비상관리센터'의 이사를 역임했다. 1988년에 그녀는 '백악관 아동위원회'와 '백악관 흑인가정 특별전문위원회'의 위원으로 임명되었다.

보건 후생부에 몸담기 직전, 그녀는 워싱턴 DC에 있는 '국민 생명권 위원회'의 대외담당 책임자였다. 그녀는 사회복지를 위한 새로운 경험을 통해 매스컴과 익숙해져서 여러 번의 기자회견과 미국과 잉글랜드, 그리고 아일랜드 청중들 앞에서 수많은 강연들을 해왔다.

그들 부부에게는 세 자녀가 있으며 현재 버지니아주 아난달레에 거주하고 있다. 그녀는 직업적인 경력을 통해 성경교리를 충실히 이행하며, 그 두 가지를 훌륭하게 조화시키고 있다.

다음 이야기에서 그녀는 한 어린 백인 소녀와 두 백인 여성의 그리스도적 사랑이 자신의 삶에 어떤 영향을 주었는지를 밝히고 있다. 또 어린 시절 이후로 경험한 인종 차별로 인해 자신이 까다롭고 신랄한 여성이 되는 것을 어떻게 그들 덕분에 피할 수 있었는지를 말해주고 있다.

여성으로서 나는 흑진주들—흑인 아이들—로 곡예를 한다.

내 흑진주들 중 하나가—초등학생인 아들 로버트—자기의 학교에 와서 '흑인 역사의 달'을 기념하는 이야기를 해달라고 부탁했다.

몇 주일이 남아 있을 때는 약속을 하기가 쉬웠으나 그날이 가까워지자 일정이 빡빡했고, 다른 곳에서도 내 최고의 곡예 중 하나를 해달라는 청탁을 받고 있었다.

나는 다음의 사실을 고백하려고 한다. 나는 아들 학교의 강연이 중요하다고 생각하지 않았으므로 준비는 최소한도로 했다—단지 종이 한 장에 써놓은 몇 가지 메모들일 뿐이었다. 그것은 로버트의 숙제 과제 중 하나로 쉽게 오인될 수도 있을 정도로 대단치 않은 것이었다.

그러나 아이들이 교실로 줄지어 들어오기 시작하고, 내가 실제로 '흑인 역사의 달'에 대한 중요성을 인식하기 시작하자, 나는 갑자기 그 강연이 중요하며 그 기회를 이용하여 어린 학생들에게 아주 큰 영향을 줄 수 있다는 것을 알게 되었다.

나는 마음속으로 기도하며 준비하는 데 시간을 좀더 할애하지 않은 것과 이 기회를 진정한 수정공 기회로 인식하지 못한 어리석음에 대해 하나님께 용서를 빌었다. 그리고 나는 하나님의 도움과 인도를 간구했다.

내게 할당된 내용은 인권투쟁 기간 동안 남부에서 자란, 흑인 어린이의 성장 배경에 대한 것이었다. 나는 아이들에게 그림을 보듯 생생하게 설명해서 그들이 그 사실들을 이해할 뿐만 아니라 내 경험에 열중하여 나 자신처럼 느낄 수 있기를 원했다.

다음의 내용이 내가 그 아이들에게 이야기했던 것이다.

"나는 실제로 있었던 이야기를 하겠어요. 내게 일어났던 일이기 때문에 실화라는 것을 말해두고 싶어요. 다른 중요한 등장인물이 두 사람 나오는데, 내가 이야기를 끝마쳤을 때 여러분이 어느 인물을 닮고 싶은지 말해 주었으면 해요.

내가 여러분처럼 6학년이었을 때 부모님은 학교가 통합되었다고 말씀해 주셨어요. 통합은 섞는 것을 의미해요. 그 당시에는 흑인 아이들과 백인 아이들이 함께 학교에 다닐 수 없었어요. 많은 백인들이 내가 흑인이기 때문에 분리되어서 학교를 다녀야 하고, 정해진 지역에서만 살아야 하며 정해진 직업만 가져야 하고, 정해진 교회에만 가야 한다고 했어요.

왜 그래야 했을까요? 나는 지금도 완전히 이해할 수는 없어요. 아마 우리가 그들과 달랐기 때문에 나와 내 가족을 두려워했다고 생각해요. 우리는 아프리카계 미국인들이니까요. 우리의 피부는 검고 문화적인 경험도 달라요. 사람들은 종종 모르는 것에 대해서는 두려움을 느끼거든요.

중학교에서의 첫 날은 내게는 악몽과 같았어요. 학교에 도착하자, 경찰 차들과 기자들과 화가 난 학부형들이 모여 있었어요. 어떤 학부형은 아이를 붙잡은 채 학교 안으로 들여보내려 하지 않았고, 어떤 학부형은 군중 사이를 조심스럽게 지나서 학교로 들어갔어요. 나는 너무도 혼란스러웠어요. 왜 사람들이 내게 그렇게 심술궂은 말들을 할까? 왜 내게 그렇게 화가 났을까? 내가 무슨 일을 저지른 것일까?

부모님은 교장실로 나를 데리고 가셔서, 교장 선생님 앞에서 3시에 데리러 올 때까지 아무 일도 없어야 한다고 말씀하였어요. 나는 교장 선생님이 그 의미를 충분히 이해하셨다고 생각해요.

그러나 그날은 시간이 지나도 상황이 조금도 나아지지 않았어요. 우리에게 던지는 욕설도 기분 나빴으나 수업시간에 교실을 이동할 때마다 계속 아이들이 핀으로 찔러대기까지 했어요. 매우 고통스러운 일이었죠. 그렇지만 핀으로 찔리는 아픔보다 더 고통스러웠던 것은 나에게 침을 뱉는 것이었어요.

몇 분 선생님들도 우리가 환영받지 못한다는 것을 확실히 느끼게 해주셨어요. 생활지도 선생님이 다음날의 식단을 읽어 주시면서 다음과 같이 말씀하셨어요.

"내일의 메뉴는 야채수프와 불에 녹인 치즈 샌드위치와 프루트컵(컵에 넣은 과일 펀치류)과 브라우니(아몬드가 든 판초콜릿)예요. 주님만이 브라우니가 식단에 들어 있는 이유를 아시겠지요. 우리에겐 이미 충분한 브라우니가 있는데 말이에요."

아이들은 크게 웃었고, 나는 울고 말았어요.

괴롭힘은 계속되었어요. 친구들은 못된 장난을 했고 선생님들은 흑인학생들이 아무리 공부를 잘해도 나쁜 점수를 주어 우리를 실망시키셨어요. 나는 그 학교를 그만두고 선생님들이 나를 좋아해 주셨던, 내가 학생자치회 회장이었던 분리학교로 돌아가고 싶었어요. 분리학교에서의 내 생활은 정말 즐거웠었지요.

새 학년이 시작된 지 몇 달이 지나도 상황은 조금도 나아지지 않았어요.

어느 날 내가 교실을 향해 걸어가고 있었을 때 윌라드라는 이름의 몸집이 큰 백인 남자아이가 내 뒤로 다가와서 계단 아래로 나를 밀었어요. 나는 계단 아래로 굴러 떨어져 등이 뒤틀린 채 계단 아래쪽에 웅크리고 쓰러졌어요. 그 아이는 그것으로도 충분하지 않았는지, 내 책들을 발로 차 복도에 흩뜨려 놓았어요.

아이들이 구경하느라 모여들었어요. 어떤 애들은 웃고 있었고 어떤 애들은 응원하고 있었어요. 윌라드는 기분이 좋은 듯이 히죽 웃고는 내 책들을 계속해서 발길로 찼어요. 한 백인 여자아이가 구경하는 아이들 틈에서 걸어나와 내 책들을 주워 모으기 시작했어요. 그리고 나서 내가 겨우 일어서는 것을 도와주었어요. 이름이 앤인 그 아이가 나를 교장실로 데리고 갔을 때 구경하던 아이들이 앤을 향해 소리쳤어요.

"너는 검둥이 편이야! 너는 검둥이 편이야!"

나는 등의 상처 때문에 몇 주일 동안 학교에 갈 수 없었어요. 하지만 다시 학교에 갔을 때 나는 앤을 찾아갔어요. 앤이 나를 도와주었기 때문에 조금이라도 다른 애들한테 괴롭힘을 당하지 않았는지 난 알고 싶었거든요.

앤은 어떤 애들은 심술궂게 굴었으나 어쨌든 그애들은 평소에도 좋은 애들이 아니기 때문에 실제로는 어떤 친구도 잃지 않았다고 말했어요. 앤과 나는 친구가 되었어요."

나는 이야기를 마치면서 비록 세월이 25년 넘게 흘렀지만, 여전히 나는 윌라드와 앤을 기억하고 있다고 아이들에게 말했다. 윌라드는 내가 경험했던 모든 추악하고 싫은 경험의 상징이었다. 앤은 현재의 내가 존재하도록 도와주었다. 나는 신랄하고 분노에 차 있고 화를 잘 내는 여성으로 성장하고 있었지만, 앤은 내 삶에 영향을 주어 내 인격 형성에 도움을 주었다.

나는 아이들에게 '윌라드'가 아니라 '앤'이 될 것을 부탁하며 질문을 하라고 말했다. 그리고 바로 그때 나는 '흑인 역사의 달'이라는 것을 통해 큰 은혜를 받았다. 귀엽고 작은 한 백인 아이가 손을 들고 다음과 같이 말했다.

"제임스 부인, 검둥이가 뭐예요?"

몇 명의 아이들이 웃음을 터뜨렸고, 질문한 아이는 상처를 입은 것처럼 보였다. 그 아이에게 나이를 물어보았더니 열 살이라고 대답했다. 나는 그 아이와 그 아이의 부모와 그 아이의 선생님들을 꼭 껴안아 주고 싶었다. 그들은 정말 옳은 일을 하고 있었다.

불행히도 내가 경험했던 인종적 편견이 중학교에서만 있었던 것은 아니었다. 나는 성장하면서 개인뿐만 아니라 단체적으로도 인종적 편견을 경험했다.

나는 오늘 페어팩스 카운티에서 한 어린 백인 아이에 의해 용기를 얻었지만, 여전히 학교와 직장과 지역사회와 교회들에서 인종

차별을 하고 있다는 것을 알고 있다.

그렇다면 왜 나는 분노하며 신랄한 비판적 삶을 살아가지 않는가? 그것은 하나님이 내 삶에 계속해서 '앤'을 보내주셨기 때문이고, 내가 마침내 용서와 하나님의 사랑을, 그리고 모든 것을 초월하는 본연의 성경 교리를 진리로써 믿고 받아들였기 때문이다. 그리고 나는 항상 신앙 그 자체가 우리에게 필요한 덕목이라는 것을 기억한다.

대학을 다닐 때 나는 '범연합대학 크리스천 우정'을 통해 조이스와 베스를 만났다. 두 사람 다 백인이었으며 내가 중학교 때 경험했던 앤과의 우정이 그들을 통해 풍부한 결실을 맺게 되었다. 나는 그들에게서 자신을 완전히 비우는 그리스도적 사랑을 발견했다. 그 사랑은 내 인격의 본질뿐만 아니라 종교적인 성숙에도 많은 영향을 미쳤다.

그 두 사람은 크리스천 정신의 산 증인이었다. 조이스는 사랑을 베푸는 살아있는 표본이었고, 베스는 하나님의 말씀을 따르는 존재의 표본이었다. 나는 그들 두 사람이 하나님의 절대적인 사랑을 내게 베푼다고 확신했다.

내게 미친 그들의 영향은 헤아릴 수 없을 정도였다. 딸이 태어났을 때 이름을 엘리자베스 조이스 제임스라고 지은 것은 나를 잘 알고 있던 사람들에게는 전혀 놀라운 일이 아니었다.

내 개인적인 '흑인 역사의 달' 축하의 일부로, 나는 마틴 루터 킹 주니어 박사의 유명한 연설문인 '내게는 꿈이 있다'를 다시 읽었다. 내가 가장 좋아하는 인용구들 중 하나가 훨씬 더 현실로 다가왔다.

'내게는 꿈이 있습니다. 내 어린 자식 넷이 언젠가는 그들의 피부 빛깔에 의해서가 아니라, 그들의 인격 여부에 따라 평가받는 나라에 살게 될 날이 올 것이라는 꿈을 갖고 있습니다. 오늘 나에게는 꿈이 있습니다!'

만약 앤과 조이스, 그리고 베스가 내 삶에 없었더라면 나는 어떤 사람이 되었을까? 내가 될 수도 있었을 사람을 생각해 보는 것만으로도 나는 매우 두려워진다.

하나님이 기적을 통하여 한 백인 소녀와 두 백인 여성의 그리스도적 사랑으로, 킹 박사의 말들이 내 삶 속에 더욱 중요하게 각인되었다.

하나님의 지혜의 불가사의 속에서 성령의 구원으로 킹 박사의 꿈은 내게 현실로 다가오게 되었다.

'내게도 꿈이 있습니다.'

자기 연민 대신 찾아오신 예수 그리스도

4

마거릿 젠슨

신발 두 켤레의 교훈

대부분의 사람들은 60대 후반이 되면 은퇴를 신중히 고려한다. 그러나 마거릿 젠슨은 60대 후반이 되었음에도 수십만 명의 독자들에게 사랑 받는 성직활동을 새로 시작했었다.

그 활동은 1983년에 '히어즈 라이프 파블리셔즈(Here's Life Publishers)' 출판사가 마거릿의 〈우리가 처음 커피를 마실 때〉라는 책을 내면서 시작되었다. 자신의 독실한 노르웨이인 어머니 주변의 인정 넘치는 이야기들을 모은 이 책은 좋은 반향을 불러 일으켜서 어떤 영향력 있는 독서클럽은 이 책을 주요 권장도서로 선정할 정도였다.

〈우리가 처음 커피를 마실 때〉는 베스트셀러가 되었고, 지금도 모든 연령층의 독자에게 매우 인기가 높다.

그 이후 미국과 캐나다 전역에 걸쳐 수준 높은 독자들은 마거릿 젠슨을 '미 대륙에서 가장 좋아하는 크리스천 단편작가'라고 불렀다.

마거릿은 건강한 71살이지만 지칠 정도의 여행과 연설 일정을 계속하고 있으며 독자들의 성원에 힘입어 추가적으로 여러 권의 책을 더 저술했다.

마거릿의 이 글은 어린 시절부터 자신이 살아오면서 배운 교훈들을 말해주고 있는데, 현재 그의 강연 레퍼토리에서 가장 인기 있는 이야기 중 하나다.

나는 방금 고급 신발 가게에서 상품권으로 비싼 구두를 구입했다. 나는 짙은 감색의 펌프스(야회나 무도용의 끈 없는 가벼운 신발)가 들어 있는 멋진 상자의 손잡이를—황금색 끈으로 테가 둘러진—자랑스럽게 꼭 쥐고 있었다. 나는 지금껏 그렇게 아름다운 구두를 한 번도 가져본 적이 없었다.

구두는 내 짙은 감색 수트와 완벽하게 어울렸다. 나는 집으로 가기 위해 서둘러 주차장으로 향했다.

모퉁이를 막 돌았을 때, 조그만 신발 수선가게가 있었다. 나는 멈추어 섰고 자랑스럽게 황금 테의 손잡이를 들고 있던 내 손에 힘이 빠졌다. 진열장에는 유행이 지나고 오래된, 단추를 높이 채우는 단화가 한 켤레 진열되어 있었다.

뜨거운 눈물이 내 시야를 가렸다. 그 순간 나는 캐나다의 고향으로 돌아가 다시 열 살짜리 꼬마가 되었다.

나는 신발이 필요했다! 항상 신발이 필요했다! 아버지는 스칸디나비아 이주민들을 돕기 위해 서스캐치원(캐나다 남서부 주) 지역들을 두루 여행하셨기 때문에 우리 집의 은행 잔고는 "나의 하나님이 그리스도 예수 안에서 영광 가운데 그 풍성한 대로 너희 모든 쓸 것을 채우시리라."의 빌립보서 4장 19절과 같았다.

하나님은 그렇게 해주시긴 하셨으나 반드시 내가 원하는 식으로는 아니었다.

구호물자 통이 도착하는 것은 우리 집의 연중 행사였다. 나는 과거로부터 내려온 모든 구식 유물이 그 통 속에 들어있는 것처럼 느껴졌다.

좀 먹은 코트들, 깃털 장식의 모자들, 버팀 선이 있는 코르셋들, 오래 입어 올이 드러난 비단옷과 공단 옷들, 그리고 여러 가지 치수와 모양의 신발들이 들어 있었다.

어머니는 우리 옷을 만드시는 데, 그 통 속의 헌 옷들을 이용하셨다. 어머니는 아무 것도 버리지 않으셨다. 실크 옷과 모피 제품들이 아름다운 드레스와 코트들로 바뀌었다. 그리고 어머니는 남은 조각들을 모아서 마루 깔개를 만드시거나 꿰매어 조각이불을 만드셨다. 그래서 우리는 깔개가 부족했던 적은 한 번도 없었다.

"마거릿!"

아버지가 부르셨다.

"여기 신발이 있어!"

나는 도망가기 시작했다. 나는 아버지가 찾으신 신발이 아마도 내 마음에 들지 않을 것임을 뻔히 알고 있었다.

"맞지 않을 게 확실해요."

나는 계속 도망갔다.

"마거릿!"

나는 멈추어 섰다. 그리고 아버지 쪽으로 가서 아버지가 그 괴물들—검정과 갈색으로 목까지 단추로 채워진 단화 두 켤레—을 들어올리실 때 두려움에 가득 찬 채 쳐다보았다. 당시는 옥스퍼드(발등 부분에 끈 달린 단화)가 유행이고 단추 달린 신발은 오래 전에 유행이 지나 있었다.

"신어 보렴."

아버지는 반항할 틈도 주지 않으셨다.

나는 너무 크다고 불평했다.

"아냐, 이 신발들은 훌륭해. 발가락 부분에 솜을 넣으면 이 신발들은 오래 견딜 거야."

아무도 아버지에게 반박하는 사람은 없었다.

어머니는 내 고민을 아시고 부드럽게 다음과 같이 말씀하셨다.

"마거릿, 우리는 신발을 달라고 하나님께 기도드렸고 이제 우리는 신발을 갖게 되었다. 감사하고 겸손한 마음으로 신도록 하자. 네가 발에 무엇을 신는지는 그리 중요하지 않단다. 정말 중요한 것은 그 발이 어디로 가느냐란다."

이것은 삶에서 가치 있는 교훈들 중 하나가 될 수 있었다(그러나 열 살짜리 아이들은 아무도 가치 있는 교훈에는 흥미가 없다). 나는 이 문제로 하나님과 어머니에게 반항할 정도로 바보는 아니었다.

나는 계획이 따로 있었다. 하나님에 대한 믿음을 알고 있던 나는 믿음에 관한 아버지의 설교들을 기억했다. 그것은 모세의 기적들과 사자 우리 속의 다니엘에 관한 것들이었다.

"만약 믿음이 있다면 산들을 움직일 수 있을 것입니다."

아버지의 말씀이 내 마음속에 울려 퍼졌다. 나는 해야 할 일을 알고 있었다.

나는 그 신발을 내 침실 방문 옆에 조심스럽게 갖다 놓고 기도했다.

"오, 하나님. 당신이 주시는 신발을 제자리에 두시고 제 신발은 가져가 주세요. 감사합니다."

다음날 아침 나는 신발이 없어졌을 거라고 확실하게 믿고 있었다. 그러나 나는 놀랄 준비를 해야만 했다. 그 신발들은 여전히 그 자리에 있었다. 무엇인가가 잘못되었다! 나는 그것이 어머니의 '가치 있는 교훈들'과 관계 있을지도 모른다는 이상한 의심이 들었다.

"서둘러, 마거릿. 교회 갈 시간이야."

어머니가 말씀하셨다.

나는 그 지독한 신발 위에 방한용 고무 덧신의 버클을 죄고, 마지못해 교회를 향해 눈을 밟으며 느릿느릿 걸어가면서 생각했다.

'만약 내가 방한용 고무 덧신을 신고 있다면 아무도 이 지독한 신발을 볼 수 없을 거야. 내일은 다른 좋은 생각을 해봐야지.'

교회에 도착하자마자 나는 조심스럽게 방한용 고무 덧신의 물방울을 닦고 안으로 들어가기 시작했다. 그때 우렁찬 목소리가 큰 소리로 들려왔다.

"마거릿, 아무도 방한용 신발을 신고 들어갈 수 없다. 너는 물방울을 떨어뜨리고 있어."

나는 천천히 방한용 신발의 버클을 풀고 온 세상이 다 볼 수 있도록 창피스러운 그 오래된 신발을 신고 입구에 서 있었다. 아이들이 소리 없이 동정하고 있다는 것을 느꼈을 때 내 얼굴은 뜨겁게 달아올랐다.

그때 내 친구 도로시가 들어왔고, 그애 역시 조심스럽게 방한용 신발을 닦았다. 그 권위 있는 목소리가 다시 큰 소리로 말했다.

"도로시, 방한용 신발을 벗어라. 물방울이 떨어지잖니."

도로시가 천천히 방한용 신발을 벗었다. 그애는 손뜨개 양말을 신고 우리 앞에 서 있었다. 도로시는 신발이 없었다.

두 명의 열 살짜리 소녀들은 힘없이 그곳에 그렇게 서 있었다.

"안녕하세요, 여러분."

어디선가 다른 한 명의 교회학교 선생님이 나타나 또렷한 영국식 억양으로 말씀하셨다.

에이버리 선생님은 푸른 눈에 염소 수염을 기르시고 계셨고, 머리는 희끗희끗하셨다. 몸이 약하신 데다 나이가 드신 분이셨다. 선생님은 조용히 그 상황을 지켜보고 계셨던 것이다.

성경공부를 하려고 우리가 둥글게 원형으로 둘러앉자, 에이버리 선생님은 옆에 앉을 두 어린이를 지목하셨다. 우리에게 있어 그것은 거의 하나님 옆에 앉는 것과 같았다.

"도로시, 너는 내 오른쪽 옆에 앉고, 마거릿 너는 왼쪽 옆에 앉도록 해라."

신발과 양말은 순식간에 잊혀졌다. 선생님이 우리를 선택하신 것이다. 선생님이 우리를 지목하셨던 것이다. 내 오래된 신발과 도로시의 양말은 에이버리 선생님에게는 중요하지 않으셨다. 그것들에 상관없이 선생님은 우리를 선택하셨다! 지금은 그날 아침 선생님이 말씀하셨던 것을 거의 기억할 수 없다. 그러나 나는 선생님이 하셨던 일을 앞으로도 결코 잊지 않을 것이다.

집으로 돌아갈 시간이 되었을 때, 도로시와 나는 우리의 방한용 신발을 신고 눈 속으로 걸어 나갔다. 우리는 머리를 높이 치켜들고 있었다. 에이버리 선생님이 우리를 지목하셨다!

어머니가 옳으셨다. 우리가 발에 무엇을 신는지는 중요하지 않았다. 중요한 것은 그 발이 가는 곳이었다.

엘리너 페이지

하나님은 우리의 기도를 반드시 들어주신다

엘리너 페이지는 재치있고 명랑하며 여성답다. 그리고 어디서 강연을 하든 삶에 대한 열정을 발산한다. 그가 삶에서 일차적으로 목적을 두는 것은 '모든 것을 가졌지만' 여전히 자신들의 삶에서 부족한 것을 느끼는 여성들이 필요한 것을 충족시킬 수 있도록 돕는 것이다.

엘리너는 전 세계에 걸쳐 하나님의 사랑을 함께 나누어 왔다. 그녀는 오찬회를 매우 즐겁게 하고, 세미나에서는 어떤 일의 동기를 유발시키고 수양회에서는 정신을 고양시킨다. 모두가 엘리너 페이지와의 만남으로 기분이 유쾌해진다.

그녀는 1972년에 크리스천 회관에 근무하기 위해 '그리스도를 위한 대학 십자군' 스태프의 일원으로서 워싱턴 DC에 도착했다. 그곳에서 그녀는 상·하의원 부인들과 비서관들에게 하나님이 부여한 최고의 여성이 되도록 가르치고 양성하며 도전의식을 불러일으켰다. 또한 닉슨, 포드, 레이건 행정부 기간 동안 백악관에서 국무부 직원들에게 성경수업을 인도했다.

그녀는 버지니아주 노퍽 출신의 조지 펜졸드 페이지와 결혼하기 위해 전도 유망한 가수직을 포기했다. 결혼 후 엘리너는 생활의 많은 부분이 정치와 군대와 관련이 있게 되었다. 그의 남편은 2차 세계대전 중에 노르망디 해안 상륙작전에 참여했다.

전쟁이 끝나고 여러 해가 지난 후 조지가 암으로 사망하는 비극이 발생했다. 그러나 엘리너의 끈질긴 정신력은 그 비극을 극복해 냈다. 그녀는 삶에서 목적을 찾으려 했고, 평소에 생각했던 것보다 훨씬 더 풍부한 삶을 누릴 수 있는 길을 발견했다.

그녀는 나이 70살임에도 그 나이의 대부분의 여성들보다 더 활력이 넘치는 아름다운 여성으로 존재하며 골다 메이어의 힘과 에이미 반데빌트의 품위와 성경 속의 에스더 여왕의 용기를 지닌 여성으로 회자된다. 나는 그의 우정과 성직활동에 깊이 감사한다.

여러분이 그의 이야기를 읽을 때, 그의 결실이 풍부한 초기의 성직활동과 하나님이 그의 기도에 기적적으로 응답하신 방법을 통해 그의 삶이 눈부시며 그의 신앙이 고무적이라는 것을 발견하게 될 것이다.

나는 크리스천으로 봉사하면서 하나님의 기도 응답에 대해 매우 단순하게 반응하고 있었다. 그것은 하나님 말씀을 조금도 의심하지 않고 믿는 것이었다.

그런 양식을 따르므로, 나는 하나님이 우리의 상상력을 뛰어넘는 방식으로 당신의 일을 하는 우리를 어떻게 사용하시는가를 깨닫게 되었다.

내 성직활동에서 가장 의미 있는 시간들 중 하나는, 워싱턴 DC에서 정부와 군부 지도자들과 함께 했던 시간들이다.

나는 여러분에게 이 기회가 어떻게 기도 응답으로 주어졌는지 이야기하고 싶다.

군인의 미망인으로서, 그리고 '그리스도를 위한 대학십자군'에서 성도로서의 소양과 복음 전도를 교육받음으로써 나는 자연스럽게 정치와 군부생활의 중심에서 성직활동을 하게 되었다.

그 기회를 접하게 되었을 때, 내가 단지 두려워했다는 정도로 말하면 너무 조심스러운 표현이 될 것이다.

나는 워싱턴에 아는 사람이 아무도 없었고, 머무를 곳도 없었으며 어디서부터 시작해야 할지도 몰랐다. 그러나 나는 사람들을 그리스도의 품으로 인도하고 싶었기 때문에 그 도전을 시작했다.

나는 천성적으로 무엇이든 크게 생각하고 큰 꿈을 꾸기를 좋아했다. 그래서 나는 선교활동 영역에 필요한 것이 무엇인지도 몰랐지만, 하나님께 백악관과 백악관 소속의 모든 것을 내 활동 영역으로 주시기를 기도했다. 나는 기적을 행하시는 하나님이 백악관과 국방부 소속의 정부 관료 부인들과 비서관들, 그리고 의회와 군 관리들에게 봉사하도록 나를 사용하실 수 있을 것이라고 기꺼이 믿었고, 믿을 정도로 대담하기도 했다.

나는 이 도전을 시도함으로써 몇 가지 당면한 과제들과 직면하게 되었다. 그 중 한 가지는 내가 워싱턴에 도착했을 때, 하나님이 내가 무엇부터 시작할 것인가를 인도해 주시는 것이었다.

나는 하나님의 응답을 구하는 데 내 신앙 형식을 적용하기 시작했다.

나는 항상 그 전날 멈춘 부분에서 다시 시작하면서 하나님의 말씀을 규칙적으로 읽었다. 나는 노트를 가지고 다니면서 때때로 내 느낌과 생각들을 적어 놓았다. 그 후에 매일 생활하면서 이러한 생각들이 내 상황에 적용될 수 있는지를 알아보기 위해 노트를 들춰보았다.

나는 워싱턴 성직활동에 대해 하나님의 인도를 구하면서, 바울이 디도에게 보내는 사도 서간을 보게 되었다.

"오직 너는 바른 교훈에 합한 것을 말하여 늙은 남자로는 절제하여 경건하며 근신하며 믿음과 사랑과 인내함과 온전케 하고 늙은 여자로는 이와 같이 행실이 거룩하며 참소치 말며 많은 술의 종이 되지 말며 선한 것을 가르치는 자들이 되고 저들로 젊은 여자들을 교훈하되 그 남편과 자녀를 사랑하며 근신하며 순전하며 집안 일을 하며 선하며 자기 남편에게 복종하게 하라. 이는 하나님의 말씀이 훼방을 받지 않게 하려 함이니라(디도서 2장 1절~5절)."

나에게 하나님이 인도하시는 길이 보이기 시작했다. 나는 여성이며 미망인이었다. 나는 풋내기가 아니었으며 과거의 경험을 바탕으로 전도할 준비가 되어 있었다.

여성들을 발견할 수 있는 곳에서는 어디서든—이 경우는 워싱턴 DC였고—전도하여 하나님의 사랑과 용서를 공유하고 그들이 그리스도의 제자가 되도록 가르치는 것이 내 소명이었다.

나는 내 소명을 알게 되었다. 이제 다음에 필요한 것은 어떻게 선교활동 무대를 찾을 것인가였다.

성경에서는 하나님이 우리의 소망들을 아실 수 있게 하라고 말하고 있다. 응답하실 때 하나님은 자주 사람을 통해서 하신다.

나는 어느 날, 어떤 여성 모임의 오찬회에서 강연해 달라는 요청을 받았다. 강연이 끝난 후 어떤 초로의 여성이 내게 다가왔다. 나는 대화 중에 워싱턴 DC로 떠날 것이라고 말했다.

"오, 내 딸이 워싱턴에 사는데 여사가 가신다는 것을 알면 아주 좋아할 거예요!"

그녀가 흥분해서 큰 소리로 외치고는 다음과 같이 물어보았다.

"머무르실 곳은 있으세요?"

"아뇨, 내일 부동산 중개인을 만나기 위해 그곳에 갈 예정이에요. 알렉산드리아에 거처를 구했으면 해요."

그녀는 기뻐하며 환하게 미소지었다.

"내 딸이 알렉산드리아에 살아요."

"따님이 부동산 중개인이에요?"

"아뇨, 상원의원의 아내인데 이름은 버지니아 스퐁이에요!"

'오, 이런! 나를 연결시켜 줄 사람이구나!' 하고 나는 생각했다.

내가 워싱턴에 도착한 지 얼마 되지 않아 하나님은 내게 편리한 아파트를 제공해 주셨다. 내가 거처를 정한 후에 버지니아는 자신의 집에서 매주 열리는 기도 모임에 나를 초대했다.

워싱턴에서는 소문이 빨리 퍼져서 내가 전화를 설치할 때쯤에 나는 예배에 초청하는 어떤 장군 미망인의 전화를 받게 되었다.

"성경을 가르치신다면서요. 저희 집에 오셔서 군인 아내들을 가르쳐 주시겠어요?"

나는 내 성직활동이 너무나 빨리 제자리를 찾는 것이 놀라웠다. 그러나 나는 성직활동에 대해 내가 원하는 것들이 모두 빨리 실현되기를 초조하게 바라고 있었다.

"백악관은 어떻게 되었습니까?"

나는 하나님께 물어보았다.

하나님이 나를 위해 그것을 예비하신 방법은 정말 고무적이었다.

나는 워싱턴으로 옮기기 전에, 플로리다의 한 세미나에서 하원의원 한 사람을 만났었다. 그는 내가 워싱턴에 도착하게 되면 거처를 알 수 있도록 자신의 아내에게 전화해 달라고 부탁했었다.

내가 그 부인과 연락이 되었을 때는 그 부인은 이미 내가 상원의원 부인들의 모임에서 가르치고 있다는 것을 알고 있었다.

"만약 성경공부를 위해 저희 집에서 하원의원 부인들 모임을 연다면 오셔서 가르쳐주실 수 있겠어요?"

그녀가 물었다.

"물론이죠!"

나는 디도서 2장에 기록되어 있는 대로, 하나님이 말씀하시는 아내들의 덕목을 가르치면서 성경공부를 시작했다. 그들은 하나님이 여성들을 위해 추종할 수 있는 덕목을 예비해 놓으신 것에 너무도 기뻐하였다.

그 성경공부를 시작으로, 정치와 군부 지도자들의 부인들이 많은 관심을 갖기 시작했다.

어느 날 백악관에서 근무하는 여러 명의 여성들이 내 새 친구인 하원의원 부인을 찾아가 우리 모임들에 관해 물어보았다.

"엘리너 페이지 여사가 백악관에서 가르치는 것을 고려해 보실까요?"

그 중의 한 사람이 물었다.

며칠 후 백악관에서 전화가 왔고, 나는 이루 말할 수 없이 기뻤다. 하나님은 내 기도에 모두 응답해 주셨다. 그 달이 다 가기 전에 상무부, 교통부, 보건복지부에 근무하는 여성들을 위한 강연 초청이 쇄도했다.

어느 날 국방부에서 여성들을 위한 강연이 끝났을 때, 어떤 여성이 군인 아내들을 가르쳐 달라면서 마이어 기지 내에 있는 그들 부부 거처로 나를 초청했다.

그녀는 여성 모임을 만들고, 차를 준비하고, 나를 군인의 미망인으로 소개하면서 내가 하나님이 예비해 놓으신 '여성들의 덕목'을 가르칠 거라고 말했다.

그 공부는 그들 부부가 다른 기지로 이동할 때까지 계속되었다. 그 다음에는 마이어 기지 사령관 부인이 그 모임을 그들 부부 거처로 초대했다.

얼마 후, 그 모임의 여성들은 자신들의 영향권 내에 있는 다른 사람들을 전도하기 시작했다. 그 다음에는 또 합참의장 부인이 그들 부부의 처소에서 해군장성과 육군장성 부인들을 가르쳐 달라고 부탁했다. 그 성경공부는 합참의장이 은퇴할 때까지 계속되었다.

우리는 기도하면 응답받을 수 있을까? 하고 생각하지만—더 생각하지 마시라—틀림없이 받는다! 그러한 경험들을 통하여 나는 하나님이 어떻게 역사하시는가를 알게 되었다. 하나님은 다음과 같이 말씀하신다.

"너희가 내 안에 거하고 내 말이 너희 안에 거하면, 무엇이든지 원하는 대로 구하라 그리하면 이루리라(요한복음 15장 7절)."

나는 이 말씀을 믿는가? 진심을 다해 믿는다.

디디 로버트슨

자기 연민 대신 찾아오신 예수 그리스도

'기독교 방송(Christian Broadcasting Network)'의 설립자이며 CEO인 '패트' 로버트슨의 아내인 디디 로버트슨은 1982년에 국무장관 조지 슐츠에 의해 '미 대륙간 여성 위원회(Inter-American Commission of Women)'의 제1미국 대표로 임명되었다. 그녀는 모든 IACW 공식 회합에서 미국을 대표하며 그 자격으로 중남미를 여행해 왔다.

그녀는 예일대 간호학부에서 석사학위를 취득했다. 현재 CBN 대학의 평의원회에서 활동하고 있으며 '타이드워터 지역 생득권 단체(Tidewater Area Birthright Organization)'의 이사이자 부회장이다. 그녀는 또한 1960년 설립 이래로 CBN의 간사이며 이사회의 일원으로서도 활동하고 있다.

그녀는 아시아와 중동, 그리고 중남미 전역을 순회하며 강연해 왔다. 1986년 그해의 크리스천 여성으로 선정된 그녀는 두 권의 책을 저술했으며 재능 있는 인테리어 디자이너이자 골동품 전문가이기도 하다.

그녀는 삶에서의 많은 업적과 성공에도 불구하고, 여러 차례 자기 연민으로 갈등해 왔다. 우리는 그의 이야기를 통해 그가 어떻게 평화와 기쁨이 충만한 삶을 다시 회복할 수 있었는지 배울 수 있다. 또한 우리로 하여금 보다 나은 자부심을 갖게 하는 통찰력을 갖게 한다.

옛날에 한 어린 소녀가 있었다. 그 소녀는 한눈에 반해서 성대한 결혼식을 올릴 백마 탄 멋진 기사를 꿈꾸었다. 그리고 그 후 그들이 오래오래 행복하게 살게 될 것을 꿈꾸었다.

그 어린 소녀는 자라서 자신의 멋진 기사를 만났다. 그는 한눈에 그녀를 반하게 만들었으나 좋은 상황이 아니었기 때문에 그들은 가출하여 결혼할 수밖에 없었다. 그들은 그 후 오래오래 행복하게 살았을까? 그러나 얼마 동안은 그렇지 못했다.

그들의 삶은 파란만장했다. 항상 시간이 문제였다. 그녀의 꿈을 만족시키기에는 두 사람이 함께 있는 시간이 항상 부족했다.

게다가 그는 자신의 구세주로서 예수 그리스도를 영접하여 '믿음'에 따라 살기로 결심했다.

처음에 그녀는 예수님에 대해 이해할 수 없었고 믿을 수 없었다. 그녀는 자신에 대해 엄격하고 타인에 대해 비판적이었으며 예수님을 조금도 이해하려 들지 않았다.

그러다가 그녀는 예수님을 아는 경이로움을 접하게 되었다. 그녀와 그녀의 '기사'는 함께 기도하고, 함께 말씀을 읽고, 함께 하나님께 귀를 기울이기 시작했다.

그들은 함께 노력하며 성직활동을 시작했다. 그들은 삶에서 어려운 시간들을 함께 공유해 나갔으며 즐거웠던 시간들 덕분에 그 어려운 시간들을 극복해 나갈 수 있었다.

그들에게는 아이가 셋 있었고, 넷째가 태어날 예정이었다. 그녀는 사회활동을 어느 정도 줄여야만 했고, 어떤 것도 잘할 수 없었다—적어도 그녀 자신에게는 그렇게 보였다. 자기 연민이 자리를 잡기 시작했다. 그녀의 꿈의 세계는 악몽으로 변해가고 있었다.

일단 자기 연민에 빠지면 어딘가로 더욱 깊이 빠져들어 가는 것 같았다. 현실이 허구로 변했다. 자기 연민을 통해 모든 것을 보고 판단했다. 자기 연민은 이제 그녀와 뗄 수 없는 관계가 되었다.

현실 : 그 멋진 기사는 일손이 절대적으로 부족했다. 그는 두 곳에서 각각 여덟 시간 근무를 하고 있었으며, 덧붙여서 성직활동과 관련된 매일의 업무가 있었다. 기금이 부족해 회계장부의 대차계정을 일치시키면서 동시에 채권자들도 무마시켜야 했다.

한편 그의 아내는 아기를 낳기 위해 병원에 가 있었고, 세 아이 중 두 아이가 홍역을 앓고 있었으며 그 중 한 아이는 위독했다.

그는 살림을 하고, 하루에 세 끼 식사를 준비하고, 아픈 아이들을 돌봐야만 했다. 그는 성직활동에 필요한 업무 외에 이 모든 것들을 해야만 했다. 아이 봐주는 사람도 하루에 몇 시간만 일하는 사람들뿐이었다.

그녀가 현실을 보는 시각 : 그는 항상 옆에 없다. 그는 너무 바쁜 나머지 우편물을 읽을 시간이 없어서 병원에 가는 길에 읽기까지 했다(그녀는 그를 벌주기 위해 차에서 아기를 분만하게 해달라고 기도했다!).

그녀는 아기가 태어나기 전에 병원에서 몇 시간 기다리게 되었으나 옆에 남편은 없었다. 꽃이나 감사의 말도 없었다. 하나님께서 맡기신 소중한 생명을 함께 기쁨으로 지켜보며 그 감미로운 순간들을 나눌 수도 없었다.

산후 우울증이 갑자기 시작되었다. 아이들이 모두 건강해지자 친정 어머니와 시어머니도 오시지 않게 되었다. 비록 그녀는 육체적으로는 회복되었지만 지독한 외로움과 아픔과 자기 연민과 우울 등이 여전히 남아 있었다.

그 어린 소녀가 나 디디 로버트슨이었고 그 멋진 기사가 패트 로버트슨이었다. 그리고 나는 더 이상 어린 소녀가 아닌 30대 중반이었다. 내게는 의무와 책임들이 있었으나 꼭 해야만 할 일을 제외하고는 어떤 일도 해낼 수 없는 것처럼 보였다. 나는 거부당하고 무가치하게 여겨지고 불행하게 느껴졌다.

나는 친구들과 있어도 즐겁지 않았다. 나는 아이들과도 놀아줄 수 없었고, 내 자신의 세계에 너무 몰두해 있어서 내 태도가 아이들에게 어떤 영향을 미치는지도 몰랐다. 나는 성경을 읽거나 공부할 수도 없었다. 나는 "주님, 제발 저를 이 혼란에서 벗어나게 해주소서."라는 기도 외에는 어떤 기도도 할 수 없었다.

나는 남편이 너무 바빠 보였기 때문에 이런 사실을 그에게 의논할 수 없었다. 나는 그런 말을 나눌 정도로 가까운 친구가 없었기 때문에 친구에게 의논할 수도 없었다.

어느 날, 부모님이 휴가에 초대를 해주셨을 때 나는 기회를 놓치지 않고 그 초대를 받아들였다. 비록 그 초대로 아이들에게 모두 여행 준비를 시켜야 하고 기차에서 하룻밤을 보내야 하고, 아이들을 익숙하지 않은 다른 환경으로 몰아넣어야 한다 해도 좋았다. 나는 무조건 어디론가 벗어나고 싶었다.

우리가 떠날 때, 남편이 그곳에 있는, 나에게 어울릴 만한 교회를 소개해 주었다. 나는 낯선 사람들과 쉽게 어울리는 성격이 아니었으나 갑자기 그 교회에 가는 것이 내게 가장 중요한 일인 것처럼 느껴졌다.

그 교회는 아주 훌륭했고, 예배는 성경 중심으로 이루어졌다. 나는 성전 입구에서 목사와 그의 아내를 만나 나를 소개했다. 그들은 남편을 기억하고 있었고, 내가 머물고 있는 곳을 물어보았다. 그들은 부모님 댁에서 단지 두 블록 떨어진 곳에 살고 있었다. 그리고 그들은 내 고등학교 동창과 같은 집에서 살고 있었다.

그들은 내가 도움이 필요하다는 것을 느꼈는지, 기꺼이 내가 그들의 집을 방문하여 기도와 성경공부를 하고 우정을 쌓아가도록 허락해 주었다. 나는 모든 가능한 기회를 갖게 되었다. 나는 그들의 집에서 내가 새로 크리스천이 되었을 때 경험했던—비록 자기 연민에 빠져서 잃어버렸지만—것과 같은 아주 큰 사랑과 평화와 기쁨을 느꼈다.

그들의 사랑과 조언 덕분에 그 거대한 평화와 기쁨이 다시 한번 서서히 내 일부가 되어 갔다.

나는 막 제 정신이 들어, 내 주위를 완전히 감싸고 있던 성령을 받아들이기 시작했던 한 기도 모임을 기억한다.

하나님의 말씀이 다시 살아서 내게 와닿기 시작했다. 난 얼마나 그 말씀을 더 듣고 싶어 목말라했는지 모른다.

나는 사랑과 평화와 기쁨을 받아들이면서 하나님께서 나를 얼마나 사랑하시는지를 깨닫게 되었다. 나는 하나님께서 이 모든 것을 섭리하셨다는 것을 알게 되었다. 또한 그분이 진실로 나를 염려하신다는 것과 내게 필요한 것들을 충족시켜 주시고 계심을 알았다.

하나님께서는 내가 낙담하거나 우울해하는 것을 원치 않으셨다. 또한 내가 무가치하거나 하찮게 느끼기를 원치 않으셨다. 그분은 진심으로 나를 사랑하셨다.

만약 내가 왕 중의 왕, 지배자 중의 지배자인 하나님의 사랑을 받는다면 나는 조금이라도 가치가 있음에 틀림없었다. 나는 하나님께 속해 있었고, 하나님께서는 내게 속해 계셨다. 하나님의 눈에 내가 특별한 존재라는 것을 믿게 되었다.

만약 내가 하나님 눈에 충분하다면 누구의 눈에도 충분해야 했다. 그것은 나라는 존재 때문이 아니라 하나님의 존재 때문이었다.

나는 아이들을 의무로서가 아니라 기쁨과 희망으로 받아들이기 시작했다.

열두 송이의 붉은 장미꽃이 배달된 직후에—나의 멋진 기사가 자신의 흰색 스테이션 왜건을 타고 도착했다—하나님께서 앞으로의 우리 삶에 예비해 놓으신 것들에 대한 기대로 크게 부푼 채 우리 모두 차를 타고 버지니아주 포츠머스 집으로 돌아왔다.

하나님께서는 지금까지 단 한 번도 나를 버리지 않으셨다. 지금까지 결코 나를 실망시키지 않으셨으며 나보다 먼저 내게 필요한 것들을 알고 계셨다. 또한 내 마음의 욕구들을 내게 주시기까지 하셨다.

이제 내 삶에서 자기 연민을 위한 자리는 없다. 자기 연민은 현실을 왜곡시켜 끝없는 고통과 의심으로 몰아넣을 수 있다.

또한 내게는 이제 언제든 악몽으로 변할 수 있는 꿈과 환상을 위한 자리도 없다. 나는 오직 예수님을 위한 자리만 가지고 있다. 예수님은 나의 삶을 완전하게 채워 주신다. 내 의지는 예수님의 의지다. 예수님은 내 행복이며 내 전부다.

나는 '결혼하여 그 후 오래오래 행복하게 살았다'는 사회 통념의 이야깃거리가 되었다. 상황이 그렇게 전개되지 않았을 때 나는 방향을 잃게 되었다. 그러나 그 경험을 통하여 성령은 내가 항상 예수님을 의지할 수 있다는 것을 증거해 주셨다. 나는 항상 예수님을 의지할 수 있다.

예수님은 항상 영광 가운데 그 풍성함으로 내가 필요한 모든 것을—마음속의 욕구들조차—채워 주신다. 또한 역사하실 때 가끔 남편을 통하시기도 하나 자주 다른 길을 선택하신다.

내게 필요한 것이 무엇이든 결코 나를 실망시키지 않으시는 분, 말씀으로 약속하셨듯이 용서하시고 치유하시고 사랑하시기 위해 그분은 항상 내 마음 안에 계신다.

"나의 하나님이 그리스도 예수 안에서 영광 가운데 그 풍성한 대로 너희 모든 쓸 것을 채우시리라(빌립보서 4장 19절)."

데일 에반스 로저스

겸손을 배우는 것은 고통스럽지만 소중하다

데일은 남편 로이 로저스에게 있어 주연 배우이며 미국에서 가장 사랑받는 인물들 중 한 사람이다.

그녀는 여배우이고 작가이며 박애주의자다. 또한 수많은 상과 훈장의 수상자이기도 하다. 로이와 함께 그녀는 9개의 공전의 박스 오피스 기록을 보유하고 있고, 현재 그들 부부는 TV 방송이나 로데오 경기, 혹은 주와 지역 바자회들에 자주 모습을 나타내기도 한다. 그럴 때면 그들은 최고의 인기를 누린다.

로이와 데일은 자신들이 직접 정직과 예의, 그리고 하나님과 국가에 대한 믿음을 계속 표현해 왔다.

그들 부부는 다양한 경험과 더불어 세 아이를 잃는 비극을 겪으면서 세상 사람들이 그들의 얘기를 듣고 싶어하고, 어디를 가든 미국인들이 그들을 사랑한다는 것을 알게 되었다.

데일의 신앙 간증은 전 세계에 알려져 있다. 편집자인 나는 나의 남편과 함께 많은 면에서 그녀와 로이를 사랑해 왔다.

데일이 워싱턴 DC의 의원 부인들 조찬회에서 했던 강연은 내가 지금까지 들어왔던 가장 역동적인 강연이었다. 그녀는 다음의 말로 시작했다. "여러분, 하나님은 여기 와 계십니다. 나는 그것을 압니다. 나는 살아오면서 줄곧 하나님을 체험해 왔습니다."

그때는 비극적인 교회 버스 사고로 둘째 딸 데비가 죽은 지 겨우 단 몇 주가 지났을 때였다. 모든 사람들이 그가 비탄 속에서 일구어낸 승리를 함께 나누면서 그의 믿음이 진실하다는 것을 알았다.

그날 오후 데일이 강연할 예정이었던 오찬회에서는 입추의 여지없이 만원이었다. 너무도 많은 사람들이 그녀의 얘기를 더 듣기를 원했고, 그들이 주위 친구들까지 초대했기 때문이었다. 하나님은 먼저 계시—배우기는 고통스러우나 앎으로 소중하고, 체험함으로 진정한 것이 된다—를 주심으로써 그의 성직활동을 인도하셨다. 다음의 이야기는 그가 전에는 하지 않았던 겸손에 관한 새로운 교훈이다.

내 일생의 42년 동안 하나님께서는 내게 겸손하라고 가르쳐 오셨다. 여러분이 상상할 수 있듯이 그것은 어릴 때부터 외향적이던 사람에게는 힘든 일이다.

나는 성장하는 동안 자주 자신감을 주는 다음과 같은 말들을 들어왔다.

"프랜시스는 예뻐. 프랜시스는 머리가 좋아. 프랜시스는 재능이 있어. 프랜시스는 유명해질 거야."

그래서 나는 기대에 맞게 행동해야 한다는 생각에 사로잡혀 있었다.

내가 11살이 되었을 때, 나는 신경쇠약에 걸렸고 여름방학을 침대에서 보냈다. 나는 3년을 월반하였고, 내가 다 자랐다고 생각했기 때문에 같은 또래의 아이들과는 거의 어울리지 않았다.

나는 모든 것을 해야 한다는 강박관념이 있었고, 또한 탁월하기도 해야만 했다. 여러분은 내가 앓았던 병을 통해 교훈을 배울 수 있을 것이라고 생각할지 모르나 나는 여전히 여배우, 발레리나, 가수, 작가 등 무엇이든 되기를 꿈꾸었다.

10살 때 나는 구세주로서 그리스도를 영접했으나 내 삶의 지배자로서는 아니었다. 생활에서 나는 어느 것에도 완전히 만족할 수 없었다.

시편 37편 4절에 "여호와를 기뻐하라. 저가 네 마음의 소원을 이루어 주시리로다." 하는 말씀이 있었지만 나는 여호와를 기뻐하는 것에 대해서는 아무 것도 몰랐다. 나 자신의 욕구들이 가장 중요했다. 하나님께서 나에게 원하시는 것은 아무래도 좋았다.

내 마음은 전혀 평온하지 않았다. 어쨌든 내가 모든 것을 통제한다고 느꼈다. 나는 지금 나이 70살에 모든 것을 하나님께서 통제하고 간섭하신다는 것을 깨닫고 있다.

37살 때 내가 통제할 수 없는 상황이 벌어졌다. 하나님께서는 내 삶 속으로 '인식하지 못하는 천사'를 나와 로이 사이에 태어난 로빈 엘리자베스 로저스란 아이도 보내주셨다. 로빈은 작고 예뻤고 푸른 눈에 금발이었다. 그리고 그 아이는 심장에 결함이 있었고, 다운증후군을 앓는 아이였다.

우리는 하나님 말고는 도움을 청할 곳이 아무 데도 없었다. 나는 너무도 간절히 딸을 원했었기 때문에, 그 아이가 다운증후군을 앓자 마음이 피폐해진 채 비탄에 잠겼다. 나는 다음의 하나님 말씀에서 위안을 구했다.

"수고하고 무거운 짐 진 자들아, 내게로 오라. 내가 너희를 쉬게 하리라. 나는 마음이 온유하고 겸손하니, 나의 멍에를 메고 내게 배우라, 그러면 너희 마음이 쉼을 얻으리니 이는 내 멍에는 쉽고 내 짐은 가벼움이라(마태복음 11장 28절~30절)."

그때 내게는 장성한 아들 톰과 세 명의 의붓자식들과 수많은 열렬한 팬이 있는, 서부영화 박스 오피스 일인자인 남편이 있었다. 그때 하나님께서 내게 소중한 교훈을 가르치고 계셨다는 것이 지금은 아주 분명하게 느껴진다.

나는 35살 때 로이와 결혼한 직후 하나님께 내 삶의 모든 부분을 완전히 지배해 주실 것을 간절히 기도했었다. 나는 하나님께서 내 삶을 나의 영광을 위해서가 아니라, 하나님의 영광을 위해 사용하시기를 원했다.

나는 마음속으로 내 딸 로빈을 그때 내가 서 있던 그 자리에서 완전히 멈추게 하여, 내 현주소와 앞으로 나아갈 길을 확실하게 볼 수 있게 하는 하나님께서 사용하신 정정의 가늠자였다고 믿고 있다.

정신과 육체적으로 장애가 있는 아이를 낳는 것처럼 자존심을 건드리게 하는 예리한 낫은 없다. 그 낫은 자존심이란 나무의 뿌리까지 정확히 베어버린다.

내가 완전한 순종과 겸손 속에서 하나님을 찾았을 때, 하나님께서는 내 고통 한가운데에 놀라운 은혜를 베푸셨다. 내가 하나님께 내 자신과 짐을 완전히 맡겼기 때문에 하나님께서 주관하시게 될 것을 알게 됨으로써 평화가 찾아왔다. 내 마음 깊은 곳에서 나는 예수님은 내 길을 결정하시고 인도하실 것을 알고 있었다.

로빈이 죽고 난 후 하나님께서는 내가 〈인식하지 못하는 천사〉를 집필할 수 있도록 해주셨다. 사람들은 다음과 같이 내게 물어왔다.

"삶에서 최고의 영광된 순간은 언제였어요?"

나는 망설이지 않고 다음과 같이 대답한다.

"내 영광을 위해서가 아니라, 하나님의 영광을 위해서 플레밍 H 레벨사가 〈인식하지 못하는 천사〉의 출판 계약서를 내게 보낸 날이죠."

겸손을 배우는 것은 고통스러우나 소중하다. 나는 하나님의 권능을 기쁘게 받아들임으로써 겸손을 배우게 되었다.

로빈이 태어났을 때 식구 중 누구도 내가 다운증후군을 앓는 아이를 낳은 것을 인정하지 않았다. 그 어린아이는 사람들의 시선에서 숨겨져 있었다. 매스컴 측에서는 대부분 로빈의 상태를 알고 있었으나 연민과 친절한 마음에서 대중에게 결코 그 사실을 누설하지 않았다.

우리는 그때 캘리포니아주의 엔시노에서 살고 있었다. 우리는 널리 대중에게 알려져 있었으므로 낯선 사람들이 집으로 들어오지 못하도록 정문에 전기 장치를 설치했다. 비록 그런 조치를 취했어도 많은 관광객들이 호기심에 차서 우리 부부와 아이들을 보려고 우리 집 앞에 멈춰 서 있곤 했다.

영화 잡지사들이 기자와 촬영 기사들을 우리 집으로 보냈을 때, 그들은 우리가 로빈의 사진을 삭제하는 것을 친절한 마음에서 허락해 주었다.

우리는 로빈을 위해 의학의 도움을 받으려고 열심히 노력했으나 마요 클리닉 최고의 소아과 전문의에게 다운증후군은 치료할 수 없는 병이기 때문에 여기저기 전문가들을 찾아다녀 보았자 소용없다는 말을 들었다.

우리는 의학 분야에서 최고의 치료를 받을 수 있는 재산이 있었으나 우리가 할 수 있는 일은 아무 것도 없었다. 그것은 정말로 우리를 겸허하게 만드는 상황이었다.

만약 우리가 진정한 크리스천이 아니었다면, 아마도 이 비극으로 우리의 결혼이나 건강이 파괴되었을 것이다. 점차로 하나님의 평화가 찾아들었고, 우리는 하나님께서 우리가 배워야만 할 것을 가르쳐주실 거라는 것을 알고 있었다.

여러분도 알고 있듯이 겸손과 하나님에 대한 믿음은 저절로 그냥 주어지는 것이 아니라 배우는 것이다.

사도 바울은 다음과 같이 말했다.

"내가 비천에 처할 줄도 알고 풍부에 처할 줄도 알아 모든 일에 배부르며 배고픔과 풍부와 궁핍에도 일체의 비결을 배웠노라(빌립보서 4장 12절)."

최근에 누군가 내게 겸손의 정의에 대해 물을 때 나는 '가르침을 잘 듣는 것'이라고 대답했다. 하나님께서는 영생을 위해 우리를 준비시키고 계시는 중이다. 또한 우리의 거친 가장자리를 다듬고 계시는 중이다. 나는 하나님께서 내가 가르침을 잘 들을 수 있도록 만들어지기를 원하셨다고 믿고 있다. 내가 자신에게서 벗어나 하나님을 내 삶 속으로 영접하기를 간구했을 때, 나는 순종과 겸손을 배워갈 수 있었다.

나는 힘든 수업을 받았으나 하나님께서는 그 과정에서 나와 함께 계시겠다는 약속에 충실하셨다.

어떤 사람들은 절망으로 손을 비트는 헛사람 우리아가 겸손을 가장 잘 드러낸다고 생각한다. 그러나 나는 겸손은 하나님께서 너무도 세상 사람들을 사랑하셔서 독생자를 보내주셨고, 그 예수님을 믿는 사람은 누구나 소멸하지 않고 영생하리라는 것을 인식하는 것이라고 믿는다. 예수님 없이는 이 삶에서 어떤 진정한 영속적인 평화나 기쁨은 없다고 믿는다.

하나님께서 창조하신 천상의 존재들 중에서 가장 아름다웠던 루시퍼는 자만 때문에 타락하고 파멸했다. 그는 자신의 아름다움에 자만하여 자신의 창조주와 동등하거나 더 위대해지기를 원했다. 그러나 그는 자신의 창조주에게 순종함으로써 감사하고, 겸손했어야만 했다. 그리고 그를 위한 하나님의 예비가 완벽하신 것에 감사했어야만 했다.

나는 예수님을 구세주로 영접했으나 내 삶의 지배자로서 인정하지는 않았었다.

내가 삶에서 가장 후회하는 것은 '주 예수 그리스도를 믿고 따르는 데' 너무 오랜 시간이 필요했고 너무 많은 실수를 저질렀다는 것이다. 그때, 그 사실들을 알았더라면 하고 얼마나 후회했는지 모른다. 좀더 빨리 깨달았다면 그 많은 시간들을 헛되이 보내지는 않았을 것이다.

나에게는 하나님께 서약한 이후로 올라야 할 높고 험준한 산들이 있었다. 그러나 하나님께서는 기도와 성경공부와 그 일을 해낼 수 있도록 정신력을 통하여 나를 준비시켜 오셨다. 하나님께서 나를 시험해 오셨다!

어쨌든 나는 내게 겸손이라는 황금 같은 교훈을 가르쳐주신 데 대해 진심으로 하나님께 감사 드린다.

조이스 로저스

인생의 암흑 속에서 만난 하나님

조이스 로저스는 여성 성직활동 지도자로서 남편 아드리안과 함께 여러 곳에서 집회를 인도해 왔다. 그녀는 두 권의 책 〈현명한 여성〉과 〈여성에게 영향이 미칠 수 있는 비결〉의 저자이다.

그의 남편은 '남부침례교도집회(Southern Baptist Convention)' 에서 세 번 의장에 선임되었으며 현재 테네시주 멤피스에 있는, 역사적으로 중요한 '벨레부 침례교회' 의 목회자로 있다.

조이스는 여성들의 성경연구 모임들을 가르치고, 종파간의 특별한 범교회적 여성 프로젝트들을 이끌고 있으며 '대륙중앙부 크리스천 여성 관심사 협의회' 의 의장직을 맡아 왔다. 이 협의회는 여러 해에 걸쳐 수많은 사람들에게 영향을 끼쳐 왔으며, 많은 다른 교회들이 이와 비슷한 이벤트를 계획하도록 고무시켜 왔다.

그들 부부는 많은 성지여행을 주최해 왔으며 그녀는 남편인 아드리안이 제작하고 이스라엘에서 촬영한 '이스라엘에서 사랑을 담아'의 비디오 제작에서 화성의 주 음부를 노래했다.

조이스는 두 아들과 두 딸의 어머니이며 여섯 명의 손자를 두고 있다.

내가 조이스에게 배웠던 위대한 교훈들 중 하나는 하나님께 "왜요?"라고 묻지 않고 "어떻게요?"라고 방법을 질문하는 것이다.

조이스가 자신의 '위대한 교훈'을 사람들에게 전할 때 실제로 그녀는 삶에서 가장 힘든 시련 속에 있었다. 그녀는 현재 자신에게 만족한 삶을 살고 있고, 앞으로도 그러한 삶을 살 수 있다는 확신으로 이 글을 썼다. 여러분에게도 필요한 것들이 충족되어지는 좋은 기회가 되기를 바란다.

하나님은 크리스천 생활이라는 'God school'의 고급 강좌에 나를 등록시키셨다. 이 어려운 과목의 이름은 '어려울 때 하나님의 섭리를 기다리기'이다.

나는 32년 전에 우리의 소중한 아기 필립이 갑작스러운 돌연사로 예수님의 품으로 돌아갔을 때, 첫 수업인 '암흑의 시기 101'을 받았다. 화창한 어머니날 오후였고, 나는 막 낮잠을 자려던 중이었다. 나는 잠자기 전에 유아용 침대에 있는 필립이 괜찮은지 확인해 보았다.

그때 필립의 얼굴이 아주 창백해 보였다. 나는 겁에 질려서 남편을 소리쳐 불렀다.

"아드리안! 빨리 와봐요!"

두려움에 휩싸여 나는 "아기가 죽었어요?"라고 물었다.

아드리안은 재빨리 필립을 안아 들면서 "당신은 집에 있어."라고 말했다.

네 살과 두 살된 다른 두 아이는 낮잠을 자고 있었다. 아드리안은 필립의 조그만 몸을 자신의 코트로 감싸고 재빨리 병원으로 차를 몰았다. 나는 그가 병원에 가 있는 동안, 어릴 적에 배웠던 시편 23장의 그 익숙한 구절들을 큰 소리로 암송하기 시작했다.

"여호와는 나의 목자시니 내가 부족함이 없으리로다. 내가 사망의 음침한 골짜기로 다닐지라도 주께서 나와 함께 하심이라. 주의 지팡이와 막대기가 나를 안위하시나이다."

영원 같은 시간이 지났다고 생각했을 때 아드리안이 돌아왔다. 나는 그가 길가에 모습을 나타냈을 때, 그의 얼굴 표정으로 필립이 죽었다는 것을 알았다. 우리는 그때까지 사랑하는 사람을 잃어 본 적이 한 번도 없었다. 우리가 서로 포옹했을 때 어두운 암흑의 세계가, 오, 너무도 어두운 암흑 세계가 우리 주위를 덮쳐 오는 것처럼 느껴졌다. 우리는 서로를 위로했다. 우리는 그때 절실하게 위로가 필요했다.

아드리안과 나는 몇 군데 가족과 친지들에게 전화를 했다. 곧 그들이 도착하기 시작했고 우리에게 사랑과 동정의 손길을 내밀어 주었다.

필립의 장례식은 집에서 60마일 떨어진 우리 고향에서 치러졌다. 우리가 집을 떠날 때, 바로 우리 집 옆에 있던 교회의 창문들이

열려 있었고, 사람들이 찬송가를 부르는 것을 들을 수 있었다.

"아뇨, 결코 혼자는 아니에요. 아뇨, 결코 혼자는 아니에요. 하나님은 내 곁을 결코 떠나시지 않을 것을 약속하셨어요. 결코 나를 홀로 두지 않으실 거라고요."

나는 그때만큼 고통스러웠던 적은 한 번도 없었지만 또한 그때만큼 하나님의 임재가 현실적이었던 적도 한 번도 없었다. 그때까지 쉽게 불러 왔던 그 찬송가가 내가 전력을 다하여 의지하는 약속과 진실이 되었다.

"하나님은 결코 내 곁을 떠나시지 않을 것을 약속하셨어요. 결코 나를 홀로 두지 않으실 거라고요."

비록 그렇다고는 해도 짓누르는 비탄의 물결이 계속 나를 집어삼키곤 했다. 때때로 나는 글자 그대로, 내 손을 하나님을 향해 들어 올려서 다음과 같이 말하곤 했다.

"주님, 여기 산산이 부서진 제 마음을 가져가 주소서. 너무도 힘들어서 견뎌낼 수 없습니다."

나는 곧 하나님께 의지하는 법을 배우기 시작했다. 내가 잘 모르는 어떤 사람이 다음의 시를 내게 보내 왔다. '열심히 의지하여라'란 시였는데 나는 이 시를 복사하여 주위의 많은 사람에게 나누어주었다. 그리고 그 어구들을 그대로 암기했다. 나는 지금도 그 메시지를 마음속에 소중히 간직하고 있다.

내 사랑하는 아들 딸아, 열심히 의지하여라.

그래서 내가 대신 너희 고통의 무게를 느끼게 하여라.

아들 딸아, 나는 너희의 무거운 짐을 알고 있다.

내가 그 짐을 만들었으니.

내 손으로 그 짐을 지탱할 수 있게 했고, 너희 혼자 힘으로

그 짐의 무게를 지탱할 수 있게 하지는 않았다.

왜냐하면 내가 그 짐을 너희한테 주었다 해도, 나는 말했다.

내가 가까이 있을 것이고, 나에게 의지하는 한,

그 짐은 너희 것이 아니라 내 것이 될 것이라고.

그렇게 해서 나는 내 자신의 사랑의 품안에서

내 아들 딸을 지킬 것이다.

여기 그 짐을 내려놓아라. 그리고 두려워 말아라

삼라만상을 지배하는 어깨 위에

그 짐을 내려놓고 더 한층 가까이 오너라.

너희는 제법 멀리 떨어져 있다.

내가 너희 근심을 감싸 안을 것이다.

내가 내 아들 딸이 내 품에서 쉬는 것을 느낄 수 있도록.

너희는 나를 사랑하느냐? 나는 알고 있다. 그러나 의심하지 말고
나를 사랑하고, 열심히 의지하여라.

우리가 필립을 발견했을 때는 기도할 시간도, 하나님께 간구할 시간도 없었다. 필립은 그 길로 세상을 떠나 버렸다.

하나님을 기다리게 된 것은 그 후의 일이었다. 그것은 하나님을 열심히 의지하는 것을 의미했다. 하나님을 기다리고 의지하는 것은 내가 이유를 이해하려는 내 권리를 포기하는 것이었다.

하나님의 성령의 힘 덕분에, 그리고 아이라 스탠필의 '우리는 그것을 이야기할 것이다'라는 곡목의 성령이 충만한 찬송가의 도움으로, 나는 '나의 권리'를 하나님께 맡겼고, '얼마 후까지 그 모든 것을 기다리는 데' 만족했다.

내가 고급 강좌에서 배운 가장 위대한 교훈은 하나님을 항상—비록 어려울 때조차도—찬양하는 것이었다. 그 어려운 시기가 좋아서가 아니었다. 나쁜 것들조차도 받아들여서 좋은 것들로 함께 역사하실 수 있는 하나님이므로 찬양하는 것이었다.

내가 시편 63편 3절을 발견했을 때 그 구절은 내 삶의 지표가 되었다.

"주의 인자가 생명보다 나으므로 내 입술이 주를 찬양할 것이라."

그리고 나는 시편 34장 1절로 축복을 받았다.

"내가 여호와를 항상 송축함이여 그를 송축함이 내 입에 계속 하리로다."

하나님께서는 욥기 1장 21절을 내 마음속에 불어 넣으셨다.

"주신 자도 여호와시요, 취하신 자도 여호와시오니 여호와의 이름이 찬송을 받으실지니이다."

나는 하나님을 찬양하고 싶은 기분이 들지 않았었다. 그리고 하나님에 대한 찬양을 가장하고 싶지도 않았었다. 그렇게 해보았자, 단지 병적인 억지 미소만 이끌어냈을 것이다.

하나님은 믿음으로 당신을 찬양하기를 원하신다는 것을 내게 증거해 주셨다. 나는 그렇게 해주신 데 대해 얼마나 하나님께 감사드리는지 모른다. 하나님은 또 내가 내 상황에 집착하지 않으며 예수님을 향해 기쁨으로 나아갈 것을 가르치셨다. 배우고 기다리는 그 시기 동안에 하나님께서는 내 삶의 중심이 되셨다.

나는 그때까지는 결코 알지 못했었던 방식으로 하나님을 알게 되었다. 로이 헤시온의 말처럼 나는 "예수님을 접하고 계속 접하는 것으로 충분하다."는 것을 알게 되었다.

다음에는 아주 현실적인 교훈으로, 하나님께서는 내게 바로 가까이 있는 것—기저귀를 접고, 마루를 청소하고, 병자를 방문하고, 식사를 준비하고, 찬송가를 부르고, 하나님의 말씀을 공부—을 하도록 가르치셨다. 매일 하나님께서는 내 손을 잡으시고, 어두움을 벗어나 하나님의 놀라운 빛 속으로 나를 인도하셨다.

나는 여러분에게 하나님께서 나를 크리스천 생활이라는 'God school'의 '어려울 때 하나님의 섭리를 기다리기' 라는 고급 강좌에 등록시키셨다고 말했다. 이 글을 쓰는 지금 나는 아주 어려운 수업인 '암흑의 시기 401' 을 받고 있다.

나는 실제로 지금까지의 크리스천 생활에서 가장 어려운 수업을 받고 있는 셈이다. 나는 실패하고 싶지 않다. 나는 내게 주어질 수 있는 모든 도움이 필요하다.

어려운 상황이 여전히 계속되는 중이기 때문에 나는 자유롭게 상세히 말할 수는 없다. 왜냐하면 관련된 사람들이 남편과 내게 소중한 사람들이기 때문에, 그들에게 조금이라도 더 비탄이나 곤혹함을 초래하고 싶지 않기 때문이다. 그러나 나는 이 경험이 우리가 보통 하는 말로 '한밤중의 암흑'과 같다고 증언할 수 있고 그 암흑은 우리 삶에 더욱 빛을 발할 것을 알고 있다.

내 아기가 죽었을 때, 나는 내 자신을 완전하게 하나님께 바치든지, 아니면 등을 돌리고 멀어질 수 있다는 것을 알고 있었다. 그때 나는 하나님께서는 내가 필요한 것보다 더 풍부한 것을 가지고 계시다는 것을 알게 되었다.

현재의 내 암흑의 순간들은 죽음보다 더 나쁘다. 나는 그 모두를 이해하려고 노력하면서 수없이 '이유들' 을 자문해 보았다. 그러나 오랜 시간이 흐르고, 나는 지쳐서 오직 하나님만이 '왜' 라는 질문에 대한 대답을 갖고 계신다는 것을 알게 되었다.

나는 '암흑의 시기 101' 에서 배웠던 교훈들에 감사하고 있다. 그 교훈들 덕분에 나는 현재의 고투를 극복해 올 수 있었다. 나는 몇 번이고 되풀이하여 나 자신을 하나님께 바쳐 왔다.

나는 하나님께 '열심히 의지하는 것'이 어떤 것인지 알고 있으나 여전히 '이해할 권리' 를 포기하지 못하고 갈등하고 있다. 어쩐지 필립이 죽었을 때, 그렇게 하기가 훨씬 더 쉬웠던 것 같다.

오, 나는 하나님을 찬양해 왔다. 그리고 내가 그렇게 할 때 하나님은 너무도 큰 평화를 주신다! 나는 하나님이 폭풍우 한 가운데에 주시는 평화를 말로 설명할 수 없다. 그것은 내 눈이 눈물로 가득 찰 때도 내 영혼에 넘쳐흐르는 기쁨이다.

나는 재니스 로저스 브록의 다음의 '내 눈물 속의 기쁨' 이란 시에서도 역시 큰 위로를 받는다.

내 눈물 속의 기쁨이며 내 상실 속의 얻음,
유골에 대한 아름다움이며 내 십자가에 대한 면류관,
그는 내 상처에 붕대를 감으시고 내 눈물을 닦아주신다
폭풍우를 잠재우시고 내 두려움들을 정복하신다.

그는 내게 높은 곳에서 걷도록 암사슴의 발을 주시고
내 영혼이 천상의 은혜로 넘쳐흐르게 하신다.
그의 힘은 내가 약해 질 때 나를 강하게 만드신다.

나는 그를 믿을 수 있다는 것을 안다.

그는 결코 잘못 하신 적이 없으시므로.

환난이 몰려오고 유혹이 나를 덮칠 때

비록 내가 머뭇거릴지라도,

그는 결코 나를 저버리지 않으실 것이다.

그러므로 사탄아, 나는 그의 성스러운 이름으로 너를 구속한다

예수님의 보혈이 십자가에서 정복하셨으므로!

의심이 다가오고 외로울 때,

내 마음이 슬플 때

하늘에 계시는 나의 구세주를 올려다본다면

예수님이 나를 기쁘게 해주실 것이다.

내 마음이 슬픔과 비애로 넘쳐흐를 때

예수님은 보다 밝은 내일을 약속하셨다.

승리는 나의 것이다. 그렇다, 이미 나는 승리했다.

나는 단지 하나님 아들을 믿음으로써 그것을 구하기만 하면 된다.

모든 나의 근심들을 그의 앞에 갖다 놓을 것이다.

환난 속에서조차 내 마음은 그를 경배할 것이다.

그는 내 짐을 떠맡으신다, 그는 나의 영혼을 위로하신다.

오, 그가 일하시는데 내가 걱정할 이유가 어디 있는가?

주님이여, 깊은 비탄과 희로애락의 감정의 시간들 속에서
나는 끊임없는 헌신으로 당신을 더욱 섬길 것입니다.
당신은 그 길에서 한 걸음도 나를 저버리지 않으셨습니다.
그래서 나는 당신을 믿고 말할 것입니다.

나는 당신을 찬양할 것입니다! 나는 당신을 찬양할 것입니다!
예수 그리스도 나의 왕이시여,
당신은 밤의 암흑 속에서 내 마음을 찬송으로 채우십니다.
그렇습니다, 당신은 내 마음이 찬송하도록 하십니다!

나는 너무도 무능하고 무력하게 느껴진다! 내가 현재의 상황에서 할 수 있는 일이 있기를 정말 바라고 있다. 그러나 나는 하나님의 섭리를 기다리는 것으로 만족해야 한다.

왜 하나님은 우리가 원하는 것보다 더 시간이 필요하실까? 하나님께서는 우리가 하나님을 의지하고, 더 잘 알고, 은사 이상으로 하나님을 갈구하기를 바라신다.

하나님은 또한 우리에게 인내와 끈기를 원하신다.

나는 내가 얼마나 참을성이 없는지를 알게 되었다. 나는 바로 그 자리에서 응답을 원한다.

앤드루 머레이는 다음과 같이 말했다.

"만약 누구든 필요한 인내심이 없기 때문에 희망을 쉽게 잃어버린다면, 용기를 가져라. 바로 우리가 약하고 불완전하게 기다리는 과정에서 하나님께서는 직접 눈에 보이지 않는 권능으로 우리를 강하게 하시고, 우리 안에 성경 속의 위대한 사람들의 인내심과 그리스도의 인내심으로 역사하신다. 그리고 만약 때때로 인내가 여러분의 재능이 아닌 것처럼 느껴진다면, 그때는 그것이 하나님의 재능이라는 것을 기억하면 된다."

하나님의 섭리를 기다릴 때, 우리는 강요당해서가 아니라 신성한 아버지 품에 있는 것을 진정으로 기뻐하며 동의하는 것이 중요하다. 그럴 때 인내는 우리의 최고의 은총이 되고 최고의 은혜가 된다. 인내는 하나님께 영광을 돌리고, 우리에 대해 섭리하실 시간을 드리는 것이다.

우리는 인내를 통하여 하나님의 자애와 충실함을 믿는 것을 가장 잘 표현할 수 있다. 진정한 인내를 통해 우리는 하나님의 의지 안에서, 우리의 자유 의지를 상실하게 된다.

최근 몇 달 동안 나는 우리가 기다리라는 요구를 얼마나 많이 받는가에 주목하게 되었다. 나는 붉은 신호와 일시 정지 신호에서 기다렸다. 나는 개인병원과 종합병원에서 기다렸다. 어떤 장소들에는 '대기실'로 불리는 공간마저 있다.

나는 남편이 저녁식사를 위해 집에 오기를 기다리고, 성장한 내 아이들이 휴가 동안 집에 오기를 기다린다. 나는 은행에서 줄서서 기다린다. 실제로 내 삶의 많은 부분이 기다리는 데 쓰이고 있다.

나는 또 만약 내가 아주 오랫동안 다른 사람들을 기다리게 되면, 초조해한다는 것을 알게 되었다. 기다리는 동안 무엇을 할 것인가? 나는 지금까지 깊이 생각해본 적은 없었으나 여러 해에 걸쳐 한 방법—내가 몰두하여 기다리는 시간을 보낼 수 있는 것들—을 개발해 왔다.

내가 집에 있을 때 기다리면서 할 일은 많다. 빨래를 접고 편지를 쓰고 전화를 한다. 기다리기가 가장 힘든 때는 내가 어딘가 외출할 준비를 하고 우리가 늦을 것이 아닐까 생각할 때이다.

그런 기다리는 시간 동안 내가 하게 된 가장 유익한 일들 중의 하나가 피아노 앞에 앉아서 연주하며 찬송가를 부르는 것이다. 때때로 나는 자동차에 성경구절을 적은 카드들을 갖고 다닌다.

내가 붉은 신호등에서 기다리는 동안 성경구절들을 암송할 때 그 짧은 시간들은 쏜살같이 지나가 버린다. 나는 병원이나 미용실에 갈 때는 거의 항상 성경책을 가지고 간다.

어떤 때는 나는 읽을 책 한 권이나 편지 쓸 종이 몇 장을 가지고 다닌다. 최근에 나는 손자가 태어나기를 기다리면서 병원에서 12시간 정도를 보냈다. 기다리는 동안 나는 이야기하고 독서하고 편지를 쓰고, 선물 가게를 여러 번 둘러보고 그리고 기도했다.

나는 책 두 권을 썼다. 그 중 많은 부분을 비행기와 호텔 방, 그리고 미용실 드라이어 아래에서 썼다. 그렇게 함으로써 나는 내가 처한 상황이나 곤경보다 하나님께 더 집중할 수 있었다.

최근에 하나님은 내가 다른 사람들을 기다리면서, 최소한도 기도할 수 있다는 것을 가르쳐 주셨다. 내가 개인병원의 한 검사실에 있을 때, 그 사실을 명확하게 인식하게 되었다.

나는 성경이나 다른 책을 가져가는 것을 잊었었다. 읽을 만한 잡지나 편지를 쓸 종이조차 없었다.

나는 혼자서 다음과 같이 생각했다.

'정말 잘못되었구나, 귀중한 시간을 이렇게 허비하다니!'

그때 내 내부에서 힐책이 있었다.

"너는 어디서든 항상 기도할 수 있다! 펜도 종이도 필요 없다. 너는 다른 책이나 나를 만나게 되는 성경조차 필요 없다. 너는 모두와 격리된 검사대에 앉아서도 네가 필요한 모든 것을 채워주는 나와 만날 수 있다. 나는 붉은 신호등과 미용실 드라이어 아래와 병원 검사실에도 있다. 네가 어떤 상황이나 혹은 다른 사람들을 기다리고 있을 때, 시간을 낭비할 필요가 없다. 만약 네가 그 시간들을 '나를 기다리는' 기회들로 인식할 수만 있다면 그것으로 너의 삶은 크게 변화될 것이다."

우리가 기다리고 있는 대상인 하나님께서 어떤 분이신지 인식하게 되는 것은 바로 계획된 것이든, 우발적인 것이든 기다리는 시간 속에서다.

하나님은 훌륭한 신이시고 자비와 공의로 가득 차 계신다. 하나님은 전지전능하시다. 하나님은 우리의 사랑과 기쁨과 평화의 원천이시다. 우리는 하나님께서 임재하심을 알기 위해 조용히 기다려야만 한다.

앤드루 머레이는 다음과 같이 말했다.

"도움이나 은사만 구하지 말고 하나님을 구하라. 하나님을 기다려라. 하나님께 의지함으로써, 하나님을 완전히 의뢰함으로써, 하나님을 참을성 있게 기다림으로써, 하나님께 영광을 돌려라. 우리는 이러한 인내를 통해 하나님께 크게 영광을 돌리게 된다. 인내를 통하여 하나님께서는 역사하시기 위해, 보좌에 앉아 계시는 신이심을 알게 된다. 인내를 통하여 우리는 자아를 완전히 하나님의 가호 아래 두게 된다. 인내를 통하여 하나님께서는 하나님이시게 된다."

나는 이제 진리—다른 사람들을 기다림으로써 하나님을 기다리는 것을 상기할 수 있다—를 내 삶의 지표로 삼기로 했다. 나는 그러한 시간들을 조급해하며 싫어하지 않고 오히려 오기를 기대하고 있다.

우리가 하나님을 기다리는 동안, 확실히 하나님께서 우리가 하기를 원하시는 중요한 일들 중 하나는, 부지런히 하나님 말씀을 공부하는 것이다. 나는 하나님의 진리에서 얼마나 많은 기쁨을 발견하는지 헤아릴 수 없다.

성경의 시편 18장은 내가 가장 좋아하는 장이다. 나는 몇 번이고 계속하여 그 장을 찾아본다. 그 장은 다윗이 암흑의 시기에 어떻게 하나님을 기다렸는지에 대한 이야기이다. 그는 그 상황을 다음과 같이 이야기하고 있다.

사망의 줄이 나를 얽고
불의의 장수가 나를 두렵게 하였으며
음부의 줄이 나를 두르고
사망의 올무가 내게 이르렀도다
이에 땅이 진동하고 요동하였도다

여호와께서 하늘에서 뇌성을 발하시고
지존하신 자가 음성을 내시며
우박과 불덩이를 내리도다

여호와의 꾸지람으로
물밑이 드러나고
세상의 기초가 나타났도다

(시편 18장. 필자의 개작)

다윗의 상황은 극도로 어려웠다. 가능한 탈출구가 전혀 없어 보였다. 그러나 다윗은 이러한 힘든 나날을 이야기하기 전에 자신이 구원을 기다리고 기대하는 하나님에 대한 사랑을 먼저 고백한다.

"나의 힘이 되신 여호와여 내가 주를 사랑하나이다. 여호와는 나의 반석이시요 나의 요새시요 나를 건지시는 자시요 나의 하나님이시요 나의 피할 바위시요 나의 방패시요 나의 구원의 뿔이시요 나의 산성이시로다. 내가 찬송 받으실 여호와께 아뢰리니 내 원수들에게서 구원을 얻으리로다(시편 18장 1절~3절)."

다윗의 사랑과 믿음은 무엇으로도 결코 동요되지 않았다. 무슨 일이 일어나도 다윗은 하나님께서 그와 함께 계시다는 것을 알고 있었다. 다윗의 믿음은 지극히 개인적이며 친밀했다.

다윗은 자신이 처한 모든 시련들을 자세히 관찰했다. 어려움이 지진과 홍수처럼 밀려올 때는 마치 사람들뿐만 아니라 하나님까지 그를 적대시하시는 것처럼 보였다. 그러나 그는 고난 속에서도 자신의 하나님을 향해 부르짖었다.

"내가 환난에서 여호와께 아뢰며 나의 하나님께 부르짖었더니, 저가 그 전에서 내 소리를 들으심이여 그 앞에서 나의 부르짖음이 그 귀에 들렸도다(시편 18편 6절)."

다윗은 하나님께서 들으셨다는 것을 알았다. 그러나 구원은 오지 않았다. 연기되었다. 게다가 더 많은 시련들이 몰려왔다. 실제로 암흑이 시작되었다.

그러나 우리는 암흑의 한가운데서 누군가가 바람날개로 그룹을 타고 날으시는 것을 본다(시편 18장 10절). 사실일 수 있을까? 물론이다. 바로 다름 아닌 하나님이시다! 하나님께서는 그곳 암흑 속에 계셨다. 하나님께서 통섭하고 계셨다. 실제로 "하나님 발 아래는 어둑캄캄하도다(시편 18편 9절)."였다.

그 후 상황은 더 악화되었다. 하나님께서는 하늘에서 뇌성을 발하셨고 살을 날리셨다. 하나님께서는 번개를 발하셨다—홍수가 발생했다. 모든 것이 파멸된 것처럼 보이는 그때—오 바로 그때, 마침내 구원이 이루어졌다.

그가 위에서 내려보내사
나를 취하심이여
깊은 물에서 나를 건져내셨도다
나의 의지가 되셨도다
나를 또 넓은 곳으로 인도하시고
나를 기뻐하심으로 구원하셨도다(시편 18편 16절~19절, 필자의 개작)
그리고 나서

"여호와께서 내 의를 따라 상주시며 내 손의 깨끗함을 좇아 갚으셨으니(시편 18장 20절)."

그 암흑은 제거되었다!

"주께서 나의 등불을 켜심이여 여호와 내 하나님이 내 흑암을 밝히시리이다(시편 18편 28절)."

마치 총 병력이 다윗을 향하여 진군해 오는 것처럼 보였고, 그는 큰 장벽에 직면했다. 그는 선언했다.

"적군에 달리며 내 하나님을 의지하고 담을 뛰어 넘나이다(시편 18편 29절)."

나는 다윗이 '할렐루야, 할렐루야!' 라고 노래 부르는 것을 들을 수 있다고 믿는다. 오, 나는 하나님이 구원을 유예하신 이유는 알 수 없으나, "…하나님의 도는 완전하고(시편 18편 30절). 오, 찬양과 감사 기도가 이어진다.

"여호와 외에 누가 하나님이며 우리 하나님 외에 누가 반석이뇨. 이 하나님이 힘으로 내게 띠 띠우시며 내 길을 완전케 하시며 나의 발로 암사슴 발 같게 하시며 나를 나의 높은 곳에 세우시며(시편 18편 31~33절)."

그리고 그 모든 것 외에도

"주께서 또 주의 구원하는 방패를 내게 주시며, 주의 오른손이 나를 붙들고 주의 온유함이 나를 크게 하셨나이다(시편 18편 35절)."

그리고 더 있다!

"내 걸음을 넓게 하셨고 나로 실족지 않게 하셨나이다(시편 18편 36절)."

내게는 아직 구원이 오지 않았다

그러나 나의 하나님
나는 당신을 사랑할 것입니다.

당신은 나의 힘이시고
나의 반석이시며 나의 요새이십니다.
당신은 나의 산성이십니다.
오, 나의 하나님
나는 숨기 위해 당신의 품속으로 달려갑니다.

오, 하나님, 너무 어둡습니다
나는 볼 수 없습니다.
제발 제 손을 잡아 주십시오.
그리고 이 암흑 속에서 저를 인도해 주십시오.
제 손을 잡아 주십시오.
우리는 적군을 뚫고 달리며
이 담을 뛰어 넘을 수 있습니다.
할렐루야! 할렐루야!

주여, 제가 할 수 있는 일은 아무 것도 없습니다. 저는 당신을 기다립니다. 한밤중에 당신이 주실 환한 빛에 감사 드립니다.

나를 의지하지 않고 하나님을 의지할 때

5

에디스 쉐퍼

나를 의지하지 않고 하나님을 의지할 때

에디스 쉐퍼는 그녀의 작고한 남편 프랜시스 쉐퍼 박사와 스위스에 있는 유명한 크리스천 단체인 '라브리 펠로십(L' Abri Fellowship)' 을 공동 설립했다. 라브리의 활동은 스위스의 후머즈 마을에서 그들의 자녀들이 어렸었던 1955년에 시작되었다.

현재 라브리는 전 세계에 여섯 군데의 지부를 두고 있다. 스위스, 영국, 네델란드, 스웨덴에 각각 하나의 지부가 있고 미국에 두 지부를 두고 있다.

에디스는 중국에서 허드슨 타일러를 중심으로 하는 '중국 내륙 선교회(China Inlnad Mission)' 에서 활동했던 선교사 부모에게서 태어났다. 그녀는 다양한 주제를 다룬 열세 권의 책을 저술했으며 현재 미네소타주 로체스터에 살고 있다. 네 자녀와 열다섯 명의 손자들과 여섯 명의 증손자들이 있는 그녀는 로체스터에 있는 라브리에서 활동중이며 미국을 포함한 많은 나라에서 강연과 상담을 하고 있다.

에디스가 이야기하고 있는 믿음에 관한 교훈을 통해 우리는 하나님께서는 우리에게 필요한 것을 모두 충족시켜 주실 수 있으시며, 그것도 마지막 필요한 순간에 충족시켜 주실 수도 있다는 믿음을 주고 있다.

여러분도 나처럼, 만약 우리가 삶의 소중한 교훈들을 배우려면 기억을 계속 새롭게 해야만 한다는 것을 알고 있을 것이다.

기억을 더듬어 볼 때, 내가 대단히 중요한 교훈을 배운 때는 항상 내 앞에 문이 없는 돌담이나 벽돌담, 혹은 시멘트 담이 가로막고 있던 '불가능한 순간들'이었다.

나는 현재 75살이지만 여전히 내가 '완성품'과는 너무도 거리가 멀고, 배워야 할 것이 참으로 많다는 것을 느낀다. 그러나 같은 교훈이라도 계속 반복해서 배우지 않으면 안 된다는 사실이 가슴 아프다.

확실히 여러분도 나처럼 우리는 배우면 나아진다는 것을 알고 있을 것이다. 그렇다고 잘난 체하거나 자만할 필요는 없다.

1955년으로 거슬러 올라가서, 내 남편 프랜시스와 나는 매우 어려운 상황에 처해 있었다. 우리에게는 소아마비인 2살짜리 프랭키와 류머티스를 앓고 있는 13살짜리 수잔이 있었다.

눈사태가 밀어닥쳐 우리 집 아래층이 진흙으로 채워져서 삽과 모래 부대들로 그것들을 치우는 데 꼬박 1주일이 걸렸다. 그런 데다 설상가상으로 우리는 집에서 내쫓길 판이었다.

우리는 5년 이상 챔퍼리라는 시골 마을에 살고 있었는데, 2월 14일에 마을(경찰서)로부터 두 장의 서류를 받았다. 그 서류는 '우리가 챔퍼리 마을에 종교적인 영향을 미쳐 왔다'는 이유로 6주 내로 집을 비워야 한다는 것을 통보하고 있었다.

그때는 앞으로의 일을 인도해 주시기를 하나님께 간구하며 한창 기도 드리는 중이었고 어린아이들도 네 명이나 되었으며 돈도 없는 상황이었다.

우리가 퇴거 명령에 이의를 제기할 수 있는 유일한 길은 다른 주, 다른 마을에서 다른 집을 구해 그 집에서 거주할 구체적인 조치를 취하는 것이라고 통보 받았다.

이의 제기에 필요한 서류 다발에 기입해야 할 항목에는 새 집 주소와 실제로 우리가 그 집을 사거나 임대하게 되었다고 신고하는 사람의 서명 난이 있었다. 그런 준비를 하는 데 우리에게는 단지 5일이 남아 있었다.

우리는 곤경에 처하게 되었고, 나는 기차로 갈 수 있는 여러 마을들을 둘러보고 있었다. 그때, 평소에 알고 지내던 한 체코슬로바키아인 부인이 갑자기 위급한 조산기가 있어서, 나는 일을 중단하고 그들 부부와 수마일 떨어진 병원까지 동행하게 되었다.

집을 구하는 것을 포기하게 되었기 때문에 프랜은 우리 샬레(스위스의 농가)로 짐을 꾸리기 위해 돌아갔다. 우리는 다음 마을에서 집을 구할 수 없으면 스위스를 떠날 계획을 갖고 있었다.

나는 로잔 병원에서 잠 못 이루는 밤을 보낸 후에, 아침에 남편에게 전화를 했다.

"프랜, 내가 계속 좀 둘러볼게요. 만약 내가 오늘 샬레를 구하면 내일 나와 둘러보고 나서 서류를 작성할래요?"

"그러지. 만약 당신이 구한다면……. 당신이 구할 수 있을지 의문이지만."

나는 그 말로 집을 구해야겠다는 결의가 끓어올랐다. 나는 기도했으나 하나님이 아닌 내 힘으로 모든 일을 추진하고 있었고 그러한 정신적인 긍지를 갖고 있었다.

그날 빌라스의 눈 속을 걸어갈 때, 나는 자신들의 집에서 행복하고 안전하게 생활하고 있는 아이들을 부러워하며 바라보는 길 잃은 아이처럼 느껴졌고 눈물이 나오려고 했다.

갑자기 나는 비바람에 낡은 시골 풍의 소박한 샬레에 붙어 있는 '셋집 있음'이란 표지판을 보게 되었다. 나는 집주인의 소재를 수소문하여 1마일 반을 더 걸어가 소유주가 여교장으로 있는 아비스에 있는 학교로 갔다.

나는 아주 가슴 저린 이야기를 해서 그녀의 동정심을 유발하여, 매우 적당한 가격으로 그 샬레를 빌리려고 마음먹었다. 나는 그녀의 응접실로 안내되었다. 그 품위 있는 여성은 임대료를 말하고 나서 그랜드 피아노와 골동품들, 그리고 페르시아 양탄자들과 부수적으로 제공되는 그 외의 것들에 대해 계속 언급했다. 그러나 나는 그 임대료가 너무 비싸, 다른 것에 생각이 미칠 여유가 없었고, 결국 울음을 터뜨렸다. 한 달 임대료가 우리가 살고 있던 비조우 샬레의 1년치 임대료와 같았다.

나는 손수건을 가볍게 눈에 댔다.

"오, 실례했어요. 내가 이러지는 않는데. 어젯밤 분만을 돕느라고 잠을 통 못 잤어요. 지금 나는 한 시간 내에 샬레를 구해야만 해요. 그렇지 않으면 스위스에서 추방당하게 될 거예요."

그녀는 불쌍하다는 듯이 나를 쳐다보았고, 나는 그녀의 눈에서 다음의 의미를 읽을 수 있었다.

'이 사람 약간 미친 것 같아. 얼른 여기서 쫓아내야겠어.'

그리고 나는 나도 모르는 사이에 앞문으로 조용히 밖으로 나와 있었다.

나는 자신을 지독한 웃음거리로 만들었다고 느끼면서 천천히 학교 길을 따라 눈이 더 많이 쌓여 있는 도로 쪽으로 걸어 나갔다. 나는 하나님께서 나를 어떻게 생각하셨을까를 갑자기 깨달으면서 다음과 같이 기도하기 시작했다.

"오, 하늘에 계신 아버지, 오늘 제 마음대로 행동한 것을 용서해 주옵소서. 저는 정말로 아버지의 뜻을 따르고 싶사옵니다. 제발 진심으로 그렇게 되도록 저를 도와주옵소서. 제가 아버지께서 우리 삶의 다음 단계로 예비하실 수 있는 가능성의 문을 닫아 버린 데 대해 제발 용서해 주옵소서. 오, 하나님. 만약 아버지의 뜻이라면 기꺼이 도시 빈민굴에서라도 살겠습니다."

엘리야와 다윗, 그리고 요셉처럼 믿음이 용솟음치는 것을 느끼며 나는 다음과 같이 계속해 나갔다.

"그러나 하나님, 만약 우리가 스위스 이 산 속에 머무르기를 원하신다면 30분 내에 집을 구할 수 있도록 하옵소서. 아버지께 불가능한 것은 아무 것도 없는 줄 믿습니다."

내가 빌라스의 중심가에 막 도착했을 때, 한무리의 사람들이 스키를 타고 돌아와 이야기를 나누며 찻집으로 들어가고 있었다. 나는 울어서 빨개진 눈으로 아무도 만나고 싶지 않았기 때문에, 고개를 숙인 채 눈이 쌓인 도로를 보며 걷고 있었다.

그때 갑자기 나는 내 이름을 부르는 소리를 들었다.

"쉐퍼 부인, 찾던 것은 구하셨어요?"

나는 얼굴을 들고 며칠 전 이야기를 나눴던, 부동산 중개인인 가부즈 씨를 바라보았다. 그는 자신이 소유하는 것은 모두 '호화로워서' 우리의 지불 한도 금액을 훨씬 넘는다고 하면서 샬레를 한 채도 보여주지 않았었다.

나는 그에게 단호하게 말할 수 있었다

"아뇨, 가부즈 씨, 난 지금 괜찮아요. 더 이상 아무 것도 바라지 않아요."

"차에 타세요. 부인이 흥미를 가질 만한 것이 있어요. 후머즈에 사시는 건 어떠세요?"

"후머즈요? 그곳이 어딘데요?"

안개가 시야를 가리는 산중턱을 따라 그는 운전해 갔지만, 나는 피로에 젖어 열의가 식어 있었다. 차가 우편버스 정지 표지판과 우편함이 있는 곳에서 멈추어 섰다.

우리는 차에서 내려 눈에 파묻혀 있는 통나무 계단을 올라가 정문을 열고 샬레의 앞쪽으로 걸어갔다. 정면 쪽에는 긴 발코니들이 있었고, 덧문이 굳게 닫혀져 있었다.

우리는 곰팡내 나는 어두운 방안으로 들어갔고, 가부즈 씨는 오랫동안 비어 있었다고 설명하면서 덧문들을 열었다. 나는 내가 기도했던 대로 30분 이내에 그곳 샬레에 서 있었다. 나는 내가 샬레를 구할 만큼 지혜롭거나 총명해서가 아니라 하나님께서 내 기도에 응답해 주셨음을 절감했다. 그것만이 유일하게 설명될 수 있다고 믿었다.

나는 다음날 오전에 프랜과 함께 가부즈 씨를 만나기로 약속했다. 그때 나는 잊고 있었던 것이 생각났다.

"오, 가부즈 씨, 여쭤볼 것을 잊었는데 집세가 얼마죠?"

"오, 셋집이 아니라 매물입니다."

그는 소리치고는 길을 따라 쏜살같이 운전해 가버렸다.

'매물이라니.'

나는 힘없이 혼잣말로 중얼거렸다.

'매물이라니! 우리는 돈도 없을 뿐더러, 비록 백만장자라 해도

누가 거주 허가증도 없는 나라에서 집을 구입한단 말이야?'

그것은 내게 마지막 지푸라기처럼 보였던 것이었는데 나는 잠을 못 잔 데다 감정적인 갈등으로 지쳐서 몸이 물먹은 솜처럼 느껴졌다.

나는 버스를 타고 가다 챔퍼리행 기차로 갈아탔을 때부터 최근 며칠 동안을 돌이켜 보기 시작했다. 그때 나는 기도 응답으로 하나님께서 여기까지 인도하고 계셨다는 것이 확실하게 느껴졌다.

나는 챔퍼리에 있는 비조우 샬레에 도착하기 전에 하나님이 내게 확실한 계시를 주셨으므로, 우리는 다음날 그곳으로 가야만 한다고 확신했다.

내가 집에 도착했을 때, 프랜은 새로운 소식을 내게 전해 주었다.

"베른 측은 연장을 해주었소. 그 문제가 심사되는 동안 스위스에 머물 수 있게 해주었는데, 시온 측이 연장을 안 해주려고 해서 3월 31일 자정까지 이 샬레와 이 마을과 이 주를 떠나야만 하오. 프랭키의 담당 의사가 건강상 이유로 아이들이 지금 움직여서는 안 된다고 그들에게 전화까지 해주었는데도 말이오. 그러나 시온 측은 샬레 안팎에서 사람들에게 종교적인 이야기를 하지 않겠다는 서류에 우리와 아이들이 서명해야만 기간을 연장시켜 주겠다고 하오!"

그날 밤 나는 다시 기도했다. 우리는 한 시간 동안 하나님께 기도 드린 내용을 하나의 문장으로 표현할 수는 없다. 어떤 내용이냐가 문제가 아니라 한 시간 동안이었다고 말하는 것이 중요하다고 생각한다. 그 샬레가 그날 오후에는 기도에 대한 매우 고무적인 응답으로 보였었으나 다시 너무도 불가능한 것처럼 보였다.

나는 그 샬레에 대해 하나님의 인도를 간구했고, 소유주에게 마음을 바꿔 임대하지 않겠는지 물어봐야겠다고 생각했다. 그러나 나는 갑자기 하나님께서는 불가능한 것이 아무 것도 없다는 확신을 주셨다.

"오, 제발 내일 그 샬레에 대한 아버지의 뜻을 우리에게 보여주옵소서. 그리고 만약 우리가 그 샬레를 사야 한다면 저뿐만 아니라 프랜을 충분히 확신시킬 명백한 계시를 주옵소서. 우리에게 내일 아침 10시 전에 1천 달러를 보내주옵소서."

다음날 아침 우편 배달부가 스키를 타고 우리에게 세 통의 편지를 건네주었다. 우리는 기차에서 그 편지들을 개봉했다. 한 통은 파리에서, 또 한 통은 벨기에에서, 나머지 한 통은 오하이오주에 사는 어느 부부가 보낸 편지였다.

그 부부는 꽤 얼마 동안 관심과 기도로 우리가 하는 일에 도움이 되어 왔다. 그러나 그들은 부유하지도 않았고 우리 일에 재정적인 도움을 준 적은 한 번도 없었다. 솔즈베리 부인은 다음과 같이 쓰고 있었다.

'당신이 흥미를 가지실 만한 이야기가 있습니다. 3개월 전에 남편 아트가 예기치 않은 액수의 돈을 받았습니다. 그의 회사가 모든 고용인들에게 또 장기 근무자인 경우에는 소급하여 보험 상여금을 지불하기로 결정했었습니다. 우리는 우리가 임대할 작은 집에 사용할 생각이었습니다. 아주 적당한 한 집을 둘러보는 동안, 나는 갑자기 햇빛이 비쳐드는 틈 사이에서 흰개미의 흔적들을 보았습니다.

"아트, 이것 봐요. 이것이 마태복음의 구절을 생각나게 하지 않아요? '너희를 위하여 보물을 땅에 쌓아두지 말라. 거기는 좀과 동록이 해하며 도적이 구멍을 뚫고 도적질하느니라. 오직 너희를 위하여 보물을 하늘에 쌓아 두라. 저기는 좀이나 동록이 해하지 못하며 도적이 구멍을 뚫지도 못하고 도적질도 못하느니라(마태복음 6장 19절~20절). 아트, 이 돈을 이용하여 글자 그대로 기꺼이 하늘에 투자 안 할래요? 어딘가 주님의 일을 하는 곳에, 망설이지 말고 그 돈을 헌금하지 않을래요?"

그가 대답했어요.

"그럽시다, 헬렌, 그러고 싶소."

"여러 달 동안 우리는 하나님께 이 돈으로, 우리가 하기를 원하시는 일을 인도해 주시기를 간구해 왔어요. 오늘밤 우리는 마지막 결정을 내리게 되었어요. 우리는 두 사람 다 이 돈을 당신께 보내야겠다고 확신했어요. 어딘가에 젊은 사람들을 위해 항상 개방될 집을 사도록요."

그 돈의 액수는 정확히 1천 달러였다

차를 타고 가는 동안 나는 프랜에게 내 기도와 샬레가 매물이라는 사실에 대해 열심히 이야기했다 기차가 올론에 도착했을 때, 프랜과 나는 하나님이 레스 멜레제스 샬레를 사도록 인도하시고 계신다는 것을 확신했다.

편지 도착과 내가 그 돈을 간구했던 순간에 가졌었던 확신과의 그 완벽한 타이밍은 놀라운 일이었다. 그 돈을 '젊은 사람들에게 항상 개방될 집'을 구입하는 데 사용해 달라는 솔즈베리 부인의 말은 그 당시에는 그녀도 우리도 알 수 없던 우리의 미래의 일에 대한 계시였다.

우리는 얼마 지나지 않아, 그때는 몰랐지만 앞으로 많은 사람들에게 익숙하게 될 버스 정류장에서 내렸다. 그날 아침 그 정류장은 사람의 왕래가 없이 한적했다. 정류장 위쪽으로 사람이 살지 않는 빈 샬레가 있었고, 옆쪽으로도 또 한 채의 비어 있는 큰 샬레가 있었다. 우리는 곧 우리에게는 선택권이 전혀 없다는 생각을 가진 채, 하나님이 우리를 위해 선택하신 것을 보기 위하여 그 샬레를 둘러보기 시작했다.

"좋아요, 우리가 사겠어요."

그날 아침, 의심의 여지가 없는 하나님의 계시에 대해 흥분하고 확신했기 때문에 그렇게 말하는 것은 쉬운 일이었다. 그 중개인이 1만 달러의 대부금과 현금 7천 달러가 필요할 것이라고 말했을 때,

우리는 눈 하나 깜짝하지 않았다. 그때는 조금도 동요하지 않았다. 우리는 여러 장의 서류를 작성하여 이의를 제기하기 위해 서둘렀다.

우리는 변호사와 경찰과 공증인을 만나기 위해 즉시 로잔으로 갔다. 우리는 너무도 시간에 맞게 그 샬레를 구했다는 것을 알고 있었다. 하루만 더 지났더라면 너무 늦었을 것이다. 경찰서장은 우리가 서류를 정확하게 작성하도록 도와주었다.

다음날 약속한 금액을 지불하기로 합의하고 계약서에 서명했다. 계약서는, 놀랄 만큼 적은 금액이 된 8천 프랑(약 2천 달러)을 지불하고 나머지 5천 달러는 5월 31일까지 지불하며 만약 불이행시에는 미리 지불한 것은 물론이고, 덧붙여서 아주 많은 것을 잃게 된다는 내용이었다. 이 엄격하고 구속력 있는 계약서에 서명하는 것은 무서운 일이었다.

이로써 우리에게는 확실하게 불가능한 일이 이루어지게 되었다. 다시 말해 우리는 문이 없는 벽돌담으로 우리가 인도된 것처럼 보였으나 우리 뒤에 있는 이정표로 인해 새로운 확신을 갖게 되었다.

그때 내가 배운 교훈은, 내가 지금도 배우고 있는 교훈이 되었다. 우리는 결코 완성품이 될 수 없다.

이사야는 다음과 같이 쓰고 있다.

"너희 중에 여호와를 경외하며 그 종의 목소리를 청종하는 자가 누구뇨. 흑암 중에 행하여 빛이 없는 자라도 여호와의 이름을 의뢰하며 자기 하나님께 의지할지어다. 불을 피우고 횃불을 둘러 띤 자여 너희가 다 너희의 불꽃 가운데로 들어가며 너희의 피운 횃불 가운데로 들어갈지어다. 너희가 내 손에서 얻을 것이 이것이라 너희가 슬픔 중에 누우리라(이사야 50장 10절~11절)."

우리는 살아가면서 하나님을 신뢰하고 의지하는 것과 우리 자신을 믿고 의지하는 것(우리 자신의 계획을 밀고 나가는 것) 사이의 훌륭한 경계를 넘었던 경험을 몇 번이고 계속해서 되새겨야만 한다.

나는 하나님을 의지하지 않은 채 내 마음대로 저지르는 그 모든 행위와 생각들에 대해 매우 조심하게 되었다.

안나 스탠리

나는 화내는 것에 대해 하나님의 음성을 들었다

안나 스탠리는 여성 수양회와 여성 전국 세미나와 지역교회 모임 등에서 자주 강연한다. 안나는 현숙한 아내이자 어머니이며 여주인이다. 그는 '애틀랜타 제일 침례교회(First Baptist Church of Atlanta)'의 목회자이며 '남부침례교도 집회(Southern Baptist Convention)'의 전 회장인 남편 찰스 스탠리 박사와 함께 전 세계를 광범위하게 다니며 설교했다.

그는 '윌리엄마 메리 대학'의 리치먼드 전문 강좌에서 미술과 미술교육을 전공했으며 성직활동의 많은 책임들 외에도 유능한 인테리어 디자이너이기도 하다.

그들 부부는 두 사람 다 텍사스주 포스워스에 있는 사우스웨스턴 신학교를 다녔다.

안나는 10대들을 대상으로 일해 왔고 미혼의 젊은이들을 위해 목회해 왔으며 '애틀랜타 제일 침례교회'에서 상담 스태프로 봉사해 왔다.

그의 자애스러움과 낙천적인 기질, 그리고 예수 그리스도에 대한 충실한 헌신은 오랫동안 정신적으로 스탠리의 가정과 성직활동에 큰 자산이 되어 왔다. 그러나 그는 닥쳐오는 위기에는 전혀 준비가 되어 있지 않았다.

다음의 이야기는 그의 삶과 성직활동들을 파괴할 뻔했었던 문제로 갈등하며 성장하고 마침내 극복해낸 이야기다.

나는 내 삶의 가장 큰 고통의 변화를 겪을 때까지 결코 화를 내어 문제가 되었던 적은 없었다. 내 정신적인 은사는 자비로워서 나는 기질상 항상 태평스럽고 편안했었다. 나는 걱정을 거의 하지 않았고 아마 그 때문에 화를 내지 않는 것 같았다.

나는 13살 때 하나님의 자녀가 된 이후 주님과 유익하고 건강한 관계를 유지했다. 나는 대학에 입학하기 전에 성령의 품으로 들어가는 법을 알게 되었으므로, 크리스천 생활에서 일부 크리스천들이 직면하는 그 모든 기복들을 경험하지 않았다.

나는 결혼하여 멋진 두 아이를 가진 후에도, 여전히 주님이 나를 위해 상황을 지배하시도록 하고 있었다. 삶은 멋지고 행복했다. 그래서 나는 갱년기를 거치기 시작할 때 내게 일어났던 일에 대해 전혀 준비가 되어 있지 않았다.

나는 전혀 다른 사람이 되었다. 조용하고 온화한 숙녀에서 날카로운 비명을 질러대는 밉살스러운 여자가 되었다. 내 가족들은 그런 상황을 이해하지 못했고 나 자신도 이해할 수 없었다.

불쌍한 내 남편은 변해버린 아내를 어떻게 대해야 할지를 몰라 허둥지둥했다.

애정이 넘치고 인내심이 강하고 다른 사람들의 결점들에 관대했던 아내가 이제는 걸핏하면 화를 내고 아주 사소한 도발에도 감정을 폭발시키는 여자로 변해 있었다. 아이들도 나를 어떻게 대해야 할지 몰라 가능한 나를 피했다. 나 역시 내가 싫었기 때문에 아이들을 비난할 수 없었다.

아마도 나처럼 여러분도 '그런 변화'에 관해 무서운 이야기들을 들었을 것이다. 만약 여러분이 그 변화가 초래할 수 있는 어떤 혼란을 조금이라도 경험했다면, 내가 경험한 이러한 일을 이해할 수 있을 것이다.

내 친구 몇 명은 마치 내가 그 지독한 경험을 피할 수 있도록 도울 수 있는 것처럼 내게 경고해 줌으로써 호의를 베풀고 있다고 생각했다.

내가 의사들한테 갱년기 나이에 대해 물어볼 때마다 그들은 항상 더 많은 나이를 말하곤 했다. 내가 38살일 때 갱년기는 40살에 시작된다고 했다. 내가 40살일 때 의사들은 42살에 시작될 거라고 말했다. 내가 42살일 때 의사들은 갱년기가 45살에서 47살 사이에 시작될 거라고 했다.

나는 삶의 그 변화를 경험할 만큼은 절대 나이가 들지 않을 것이기 때문에 걱정할 것이 전혀 없다고 생각했다. 다시 말해 내가 잔인하게 일깨워지기 전까지이긴 했지만 나는 실제로 여성들이 겪는 길을 피해 갔다고 생각했다.

내가 2년 동안 심하게 아프고 난 후에 의사는 자궁 절제를 해야 한다는 진단을 내렸다. 나는 아픈 데 지쳐 있었기 때문에 수술을 함으로써 새 삶을 찾을 거라고 생각하면서 아주 기뻐했다.

최근에 체력이 딸려서 그만두었었던 몇 가지 활동들을 재개할 정도로 건강해졌다. 한때 나는 1주일에 네 번 성경연구 모임을 지도하고, 미술 수업을 받고, 직접 내 옷을 만들어 입고, 살림을 꾸려 나가고, 가족들에게 영양가 있는 식사를 준비했었다.

투병하는 동안 나는 가족을 돌보는 정도만 할 수 있었다. 그렇지만 그것은 매우 맥빠지는 일이었다.

그러나 수술이 끝나고 몇 주일 후에 나는 화를 내며 폭발했다. 나를 포함하여 전 가족이 깜짝 놀랐다. 그때 이후로 나는 쉽게 화를 냈고 신랄하고 까다롭고 과민하게 생각했다. 나는 내가 어떻게 된 것인지 알 수 없었다. 나는 수술하면 내 자신이 더 좋아질 것으로 기대했었는데 상황은 더 악화되고 말았다. 내가 기대한 상황이 아니었다.

결국 나는 도움을 받아야겠다고 생각했다. 그러나 누구에게 도움을 받을 수 있을까? 대부분의 사람들은 자신들의 목사님에게 의논하지만 나는 내 자신이 목사와 결혼했고, 그는 나를 어떻게 도와야 할지를 모르고 있었다.

여러분도 상상할 수 있듯이 그도 도움이 필요했다. 왜냐하면 그가 26년 동안 결혼생활을 함께 해온 여성이 날카로운 비명을 질러대는 낯선 사람으로 변해 있었기 때문이다.

한편 나는 '교체된 삶'에 대한 성경교리를 공부하고 있었다. 나는 그리스도가 내 안에 거하시고, 나를 통하여 당신의 삶을 살기 원하신다는 것을 깨닫고 있었다. 그것은 멋지게는 생각되었으나 내 삶에서 그대로 실행되고 있지는 않았다. 그렇지만 나는 계속해서 성경을 더 깊이 공부해 나갔고, 반복해서 내 예민한 기질을 참회했다.

어느 날 밤에 찰리와 나는 그의 서재에서 이야기를 하고 있었다. 이야기한 지 약 15분쯤 지났을 때 나는 화를 심하게 냈다. 내가 그를 향하여 고함을 치고 비명을 질러댈 때, 나는 하나님께서 내 마음에 계심을 느꼈고, 그 확신으로 나는 깜짝 놀랐다.

잠시만 시간을 달라고 양해를 구한 후, 나는 복도를 달려가 내 방으로 가서 무릎을 꿇고 다음과 같이 기도했다.

"주 예수님, 저는 제 자신이 너무도 부끄럽습니다. 조금 전에는 주님께서 저를 통해 찰리에게 말씀하신 것이 아니었습니다. 그것은 제 주장의 정당함을 증명하려는 살아있는 육신의 저였습니다. 주여, 죄를 지은 데 대해 회개합니다. 저를 용서하시기 위한 예비로 갈보리에서 흘리신 주님의 보혈에 대해 감사드립니다. 아멘."

나는 다시 서재로 돌아가서 찰리에게 용서를 빌었다. 그는 용서해 주었고 우리는 대화를 계속해 나갔다. 약 15분 후에 나는 또 분통을 터뜨렸다. 나는 다시 양해를 구한 후 복도로 나가 내 방으로 가서 무릎 꿇고 다음과 같이 기도했다.

"주 예수님 저가 다시 그랬다는 것을 믿을 수 없습니다. 오, 제 자신이 너무도 부끄럽습니다. 저는 주님께서 저의 안에 거하시지 못하게 하고 있습니다. 내 자유 의지로 행동하려고 하고, 그것이 실패하고 있습니다. 용서해 주신 데 대해 감사 드립니다, 아멘."

나는 서재로 돌아가서 찰리에게 다시 용서를 빌었고 그는 용서해 주었다. 우리는 계속 대화를 해나갔고 모든 것이 순조롭게 진행되어 나갔다. 그러나 갑자기 또 나는 불같이 화를 내었다.

그 짧은 시간에 세 번이라니 여러분도 믿을 수 없을 것이다. 나는 세번째 양해를 구한 후에 복도를 달려가 내 방으로 가서 무릎 꿇고 주님께 울부짖었다.

"사랑하는 예수님, 저는 성경이 진리라는 것을 알고 있고, 모든 말씀을 믿습니다. 그런데 왜 저는 계속 화를 참지 못하고 폭발할까요? 왜 그럴까요? 왜 그럴까요? 주여, 현재 상황을 알고 계시리라는 것을 알고 있습니다. 그러나 저는 알 수가 없습니다. 어떻게 해야 주님의 삶을, 저의 삶으로 받아들일 수 있는지를 제게 가르쳐 주옵소서. 제게는 그것이 절실하게 필요합니다. 주님의 충실하시고 자비로우신 용서에 다시 감사드리옵니다, 아멘."

나는 서재로 돌아가 찰리에게 내 자신이 부끄럽다고 말했다.

"나는 정말 예수님이 내 생활이 되시도록 노력하는 데 잘하고 있지를 못해요."

나는 한숨을 쉬었다.

"제발 한 번만 더 나를 용서해 줘요. 비록 용서받을 자격이 없다는 것을 알고 있지만요."

나는 남편과 주님의 인내의 고통과 용서에 대해 감사한다.

나는 그날 밤 이후로는 결코 다시는 화를 내지 않고 그 후 오래오래 행복하게 살겠다고 생각했다. 그러나 현실은 그렇지 못했다. 나는 계속 화를 냈고, 비명을 질러대곤 했다. 나는 또한 사과하는 데도 익숙해졌다.

비록 내가 화낸 것을 인정하고 용서를 구하게 되었다고는 해도, 나는 분노의 격발로 야기되는 수치심과 혼란에 진저리를 치게 되었다. 나는 해결할 수 있는 방법이 틀림없이 있을 것이라는 것을 알고 있었고, 그것을 찾기 위해 노력했다.

내가 개인적으로 예배 드리는 동안 에베소서를 공부하다가 어느 날 4장 26절을 읽게 되었다.

"분을 내어도 죄를 짓지 말며, 해가 지도록 분을 품지 말라."

나는 화를 내는 것이 죄라고 생각했기 때문에 그 구절이 첫 부분이 무슨 의미인지 알 수 없었다. 그러나 마지막 부분은 밤에 해가 지기 전에 우리 잘못을 참회하고, 화를 낸 상대에게 용서를 빌어야 하는 것을 의미한다고 생각했다. 그래서 나는 마지막 부분을 실천하려고 노력했다.

몇 달이 지났다. 그러던 어느 날 밤 나는 돌파구를 찾게 되었다. 찰리와 나는 저녁에 외출했다가 집으로 차를 타고 돌아가던 중이었다.

우리는 이야기를 나누면서 강 위의 교량을 가로질러 집을 향해 가고 있었다. 찰리가 내가 생각하기에 별 의미 없는 무슨 말인가를 했고 나는 화가 치밀었다.

그는 확실히 의도적으로 한 말은 아니었기 때문에 자신의 배려가 부족했었다는 것을 느끼지 못하고 있었다. 그러나 그의 말은 내 기분을 상하게 했다. 나는 이번에는 화를 내며 반박하는 대신에 하나님께 맡겼다.

"주여."

나는 마음속으로 기도했다.

"당신은 제가 그가 말한 것에 화가 났다는 것을 알고 계십니다. 그러나 저는 서투르게 반응해서 싸움을 시작하고 싶지 않습니다. 제가 어떻게 해야 할까요?"

즉시 하나의 생각이 뇌리를 스쳤다.

'그렇게 말한 데 대해 그를 용서해라.' 였다.

'도대체 왜 제가 그래야만 할까요?'

나는 마음속으로 반박했다.

'그는 제게 용서를 구하지 않았습니다. 게다가 그는 지금도 계

속 이야기하고 있고 자신이 제 마음을 상하게 했는지조차도 모릅니다.'

'어쨌든 그를 용서해라.'

'그러나 저는 그를 용서하고 싶지 않습니다.'

'나는 네가 용서하고 싶은 마음이 되라고는 하지 않았다.'

'제가 그러고 싶은 마음이 되지 않는데 어떻게 그를 용서할 수 있습니까? 저는 위선자가 될 텐데요.'

'네가 그런 마음이 들든 말든, 네 의지로 그를 용서하도록 해라.'

'그렇다면 좋습니다. 제 의지로 찰리가 저의 감정을 상하게 한 말에 대해 용서하겠습니다.'

'그렇게 하니까 이제 너는 내가 생각하고 있는 것에 훨씬 가까워졌구나.'

'그러나 저는 여전히 아무것도 느끼지 못하겠습니다.'

'그러나 네가 그를 용서한다고 말한 것은 진심이었느냐?'

'예, 그랬습니다.'

'그렇다면 찰리는 너에게 용서받았느냐?'

'예.'

찰리는 내가 주님과 개인적인 대화를 계속하고 있었다는 것을 전혀 모른 채 우리가 차도로 운전해 들어가는 동안에도 계속 이야기를 하고 있었다.

우리가 차도의 우편함을 지나갈 때 나는 내 어깨 위의 아주 무거운 짐이 사라진 것을 느꼈다. 나는 분노나 원망이나 모욕당했다는 느낌이 전혀 들지 않았다. 내가 의지로 찰리를 용서함으로써 분노는 사라지고 없었다.

우리가 차고 안으로 운전해 들어가 찰리가 차의 시동을 껐을 때, 그는 내 쪽으로 몸을 기울여 내 볼에 가볍게 키스했다. 그는 다정하게 "안나, 당신을 사랑하오."라고 말했다.

내 눈에 눈물이 차 올랐다. 나는 하나님께 내가 즐거웠던 저녁 시간을 그대로 연장시켜 주신 데 대해 감사드렸다.

잠자리에 들기 전에 나는 샤워를 하여 뜨거운 물로 내 등과 어깨 근육의 긴장을 풀었다. 샤워실 벽의 사각의 타일들을 바라보았을 때 '화를 내어도 죄를 짓지 말라'는 말씀이 타일 위에 새겨져 있는 것처럼 보였다.

내 눈물이 샤워 물줄기를 따라 흘러 내렸다. 나는 하나님이 내 삶의 가장 위대한 교훈들 중의 하나—비록 내가 화를 냈다 하더라도 죄를 범하지는 않았다—를 가르쳐 주시고 계신다는 것을 깨달았다.

그것을 시작으로 나는 점점 화를 내지 않게 되었다.

나는 2천 년 전에 예수님이 십자가에서 돌아가실 때, 우리의 모든 죄—과거와 현재 그리고 미래—에 대하여 우리를 용서하셨다는 것을 깨닫게 되었다. 그때 우리는 태어나지 않았었기 때문에 우리의 죄는 미래에 해당되는 것이었다. 하나님께서 나를 상처 입힌 사람을 이미 용서하셨을 때 나 역시 용서하지 않으면 안 된다는 것을 깨닫게 되었다.

나를 화나게 했던 사람들을 용서하고, 그 상황을 하나님의 손에 맡기게 되었을 때 나는 점점 화를 내지 않게 되었고, 내 삶 속에서 그 문제를 극복하게 되었다.

조니 에렉슨 타다

다른 사람을 돕는다는 것에 대해

조니 에렉슨은 1967년에 다이빙 사고로 목뼈가 부러졌다. 그 사고로 그녀는 어깨 아래에서부터 마비가 되었다. 그녀는 2년 동안의 사회복귀 훈련 중에 이 사이에 연필을 끼고 그림을 그리는 것을 배웠고, 현재 그는 국제적으로 잘 알려진 입으로 그리는 화가이다.

그녀는 또한 자서전 〈조니〉를 포함하여 11권의 베스트셀러로 인해 전 세계의 많은 나라에서 그녀의 이름이 알려져 있다. 그녀가 직접 연기한 원작 그대로인 장편 특선영화가 전 세계에서 상연되었고, 매일 수백만 명의 청취자들이 6백 개 이상의 지방 방송국을 통해 그녀의 감동적인 라디오 방송 프로그램을 청취하고 있다.

'조니와 친구들'의 설립자이며 회장이기도 한 그녀는 1987년 레이건 대통령에 의해 임명된 '전국장애위원회(National Council on Disability)'에서 사역하고 있다. 그녀는 장애인들에게 봉사하는 크리스천 성직활동의 전국적인 컨소시엄인 '크리스천장애인위원회(Christian Council on with Disabilities)'의 의장이며 '전국방송종교인협회(National Religious Broadcasters Association)'를 포함하여 여러 고문단과 위원회들에서 사역하고 있다.

'조니와 친구들'은 정보와 구직자와 구직처의 연결 프로그램, 연수회, 시청각 교재, 그리고 재정적인 원조를 하는 프로그램인 '장애인을 위한 크리스천 기금(Christian Fund for the Disabled)' 활동을 하고 있다.

조니는 캘리포니아에 거주하고 있으며 고등학교 사회교사인 켄 타다와 결혼하였다. 강연을 위해 미국과 많은 나라를 광범위하게 다니며 활동하는 그녀는 고든대학에서 취득한 인문학 명예박사 학위를 소지하고 있으며, 중국 장시에 있는 '특수교육 중미고등교육센터(Sino-America Higher Education Center for Special Education)'의 명예회장으로 사역하고 있다. 또 '미국 아카데미'의 '황금 공로상'과 커리지 사회복귀 훈련센터의 '커리지상'을 받기도 했다.

빌과 나를 포함하여 조니를 만나는 행운을 가졌던 모든 사람들은 그녀의 밝게 빛나는 미소와 행복이 가득한 영혼과 다른 사람들에 대한 세심한 배려를 통해 많은 용기를 얻게 되었다. 다음의 이야기에서도 다른 사람들에 대한 그녀의 세심한 배려와 특별한 통찰력이 스며 나오고 있다.

우리가 눈앞에서 직접 살아 숨쉬는 것 같은 휴먼 스토리를 보는 것은 흔히 있는 일은 아니다. 그러나 내게는 실제로 그런 일이 일어났다.

내가 남편인 켄과 함께 로스앤젤레스 장애인 올림픽대회에 갔던 어느 봄날 아침의 일이었다.

밴드 음악과 화려한 형형색색의 깃발들이 어디에나 있었다. 정신이 박약한 젊은이 팀들이 가족과 친지들과 함께 경기장 내의 건너편 쪽에 여기저기 서 있었다. 모두가 대단히 흥분해서 경기가 시작되기를 기다리고 있었다.

나는 트랙과 필드경기의 진행자인 켄을 잘 볼 수 있도록 휠체어를 정면 관람석 가까운 데로 가져갔다. 나는 트랙의 저 멀리 끝에서 챙 있는 모자를 쓰고 붉은 운동복을 입고 있는 그를 보았다. 그는 휘슬과 클립보드를 든 채 핀으로 각 선수들의 등 번호 다는 것을 도와주고 있었다.

몇 분 후에 50야드(45.7m) 단거리 레이스가 시작되었다. 켄은 선수들이 자신들의 스타팅 블록에 일렬로 늘어서도록 휘슬을 불었다. 두꺼운 안경을 쓰고 인상 좋은 미소를 지닌 다운증후군 환자인 어떤 소녀가 박수를 치면서 제자리에서 팔짝팔짝 뛰뛰기를 하고 있었다.

헐렁한 회색 반바지를 입은 키가 작고 땅딸막한 정신지체 소년은 계속하여 경기장의 모래를 발로 차고 있었다. 키가 크고 호리호리한 젊은이는 관람석에 있는 가족에게 손을 흔들고 있었다. 그 어린 선수들은 모두가 흥분을 감추지 못하고 있었다.

켄은 선수들을 진정시켰고, 조용해지는 순간, 출발 신호용 총에서 "탕." 하는 소리가 났다.

그들은 앞으로 전력 질주했다. 여섯 명의 선수들은 열광적으로 응원하는 군중을 향해, 트랙에서 머리와 몸을 상하 좌우로 계속하여 움직이면서 앞으로 나아갔다. 어떤 선수들은 깡충깡충 뛰면서, 어떤 선수들은 비틀거리면서, 그러나 모두가 최선을 다하여 트랙의 결승선을 향하여 달려갔다.

갑자기 선수 중 한 명—청색 티셔츠를 입고 다운증후군 환자인 소년—이 트랙 표시선을 넘어 경기장 내에 있는 다른 친구들 쪽으로 달려가기 시작했다. 켄은 소년을 다시 트랙으로 불러들이기 위해 휘슬을 불고 손을 흔들며 소년에게 소리쳤다. 그러나 소용이 없었다. 그 소년은 마치 결승점과 상관없이 달리기로 한 선수 같았다.

그때 나머지 선수 중의 한 명인 두꺼운 안경을 쓴 소녀가 그 소년이 뛰어가는 것을 보았다. 그 소녀는 결승점에서 몇 미터 떨어진 곳에서 멈춰 섰고 그 동안 다른 선수들은 그 소녀를 지나쳐서 달려갔다. 그 소녀는 친구인 경기장 내에 있는 그 소년을 부르며 소리쳤다.

"얘, 이리로 와!"

청색 티셔츠를 입은 그 소년은 친구의 목소리를 듣고 멈춰 서서 뒤돌아보았다. 안경 쓴 소녀가 손을 흔들며 다시 소리쳤다.

"여기에서 뛰어야 해. 돌아와!"

그 소년은 그 자리에 서서 다소 혼란스러워하며 주위를 둘러보았다. 그 소녀는 화를 내며, 그러나 얼굴에는 미소를 띤 채 그 소년

쪽으로 달려가 그를 껴안았다. 그들은 팔짱을 끼고 트랙으로 돌아와 같이 팔짱을 낀 채 그 경주를 마쳤다. 그들은 결승점을 마지막으로 통과했지만 먼저 도착해 있던 친구들의 포옹을 받았다.

그때 모든 관중이 그 장면에 깊이 감동해서 자리에서 일어서고 있었다. 어떤 사람들은 박수를 쳤고, 많은 사람들이 환호했으나 대부분의 사람들은 나처럼 눈물을 참으려고 애쓰며 감동의 물결에 휩싸인 채 앉아 있었다. 우리는 특별한 것을 목격했다는 것을 알고 있었다.

그날 밤 켄과 나는 부엌 식탁 앞에 앉아서 그날의 사건을 이야기하고 있었다. 그는 뜨거운 초콜릿 차를 마시며 머리를 옆으로 저으며 미소지었다.

"오랫동안 트랙과 필드 경기를 진행해 왔지만……."

그는 한숨을 쉬고 머그 잔을 식탁에 놓으며 말을 계속했다.

"오늘 그 어린 소녀만큼 나를 감동시켰던 것은 아무 것도 없었소. 그 소녀는 혼란스러워하는 친구가 결승점에 도착하는 것을 돕기 위해 자신의 경기를 포기했잖소."

우리는 그날 눈앞에서 살아 숨쉬는 휴먼 스토리를 목격했었다. 그리고 그 진기하고 독특했던 경주 이면에 있는 의미와 어울리는 성경 구절을 쉽게 찾을 수 있었다.

켄은 책장을 훌훌 넘겨 로마서 15장으로 가서 그 정확한 말씀을 찾았다.

"우리 강한 자가 마땅히 연약한 자의 약점을 담당하고, 자기를 기쁘게 하지 아니할 것이라 우리 각 사람이 이웃을 기쁘게 하되 선을 이루고 덕을 세우도록 할지니라. 이제 인내와 안위의 하나님이 너희로 그리스도 예수를 본받아 서로 뜻이 같게 하여 주사(로마서 15장 1절~2절, 5절)."

우리는 성경을 덮고 그곳에 오랫동안 앉아 있었다.

"우리 각 사람이 이웃을 기쁘게 하되 선을 이루고 덕을 세우도록 할지니라."

나는 곤경에 처한 친구를 내 목표를 포기하면서까지 돕지 않았던 경우들을 모두 생각했다. 나는 형제 자매 성도들이 올바른 길에서 멀어져 길을 잃고 정신적으로 혼란에 빠진 것을 보았으나, 상관하지 않고 계속하여 내 목표를 향해 나아갔던 것들을 생각했다.

나는 주님께서 방향을 잃어버린 누군가 친구를 돕기 위해 주의 깊게 계획된 내 예정들을 뒤로 미루라고 말씀하셨던 경우들을 생각했다. 슬프게도 나는 '승리'하지 못할까 봐, 나의 개인적인 '결승점'을 통과하지 못할까 봐 그 말씀에 순종하지 않았던 적이 많지 않았다.

그리고 불행한 사실은 내가 그렇게 행동하는 유일한 사람이 아니라는 것이다. 크리스천이 되었을 때, 성경에서 가르치고 있는 것처럼 저절로 '다른 사람들을 위하여 노력하기' 시작하는 사람은 거의 없다. 그렇기 때문에 당연히 성경에서도 우리가 '독실하게 되도록 훈련받아야만 한다'고 말하고 있다.

그리고 우리가 그리스도 예수를 안다는, 숭고한 소명의 목표를 향해 달려갈 때, 우리는 우리가 함께 그 레이스를 하고 있는 다른 사람들—바로 옆의 트랙에서조차도—이 있다는 것을 기억해야만 한다.

주 예수께서는 우리만큼 '승리'에 열중하시는 것 같지 않다. 실제로 켄이 내게 상기시켜준 것처럼 특별 올림픽 경기 이면의 목적은 모두가 그 레이스를 마칠 수 있도록 오로지 격려하는 것이다.

어떤 선수가 1등이냐, 2등이냐, 3등이냐, 혹은 꼴찌냐는 것은 거의 중요하지 않다. 관중들은 모든 주자들의 노력에 대해 환호하고 아낌없이 성원을 보낸다.

승리가 중요한 것이 아니라 우리가 어떻게 그 경주를 하느냐가 중요하다. 그리고 우리는 '약한 사람들이 실패하지 않도록 도우며' 경주를 해야만 한다.

그 봄날 아침 이후로, 나는 많은 휴먼 스토리를 보아왔으나 그 어떤 것도 그 두 장애인 주자들이 팔짱을 낀 채 결승점을 통과하는 것을 바라볼 때만큼 감동적이고 가슴 훈훈하지는 않았다.

만약 내 삶에서 주 예수께 영광을 돌리려고 한다면 나는 내 자신이 아니라 주님을 기쁘게 해드리기 위해 경주를 해야만 한다. 그러기 위해서는 나는 종종 멈추어 서서 더 약한 친구들에게 도움의 손길을 내밀어야만 한다.

그리고 만약 여러분이 그 장애인 소녀와 친구에게 그것이 무엇이었느냐고 물어본다면 그들은 아마 그것은 협동이었다고 대답할는지 모른다.

보네트 재커리 브라이트

나의 정체성을 찾아서

발행인과 처음 이 프로젝트에 대해 이야기를 나눌 때, 글을 쓰는 책임에서 나는 면제해 주지 않을까 생각했었으나 내 글도 원하는 관계로 결국 이 글을 쓰게 되었다. 그래서 나는 기억을 되짚어 보았고, 다음의 이야기가 내가 함께 나누고 싶은 교훈이다. 내가 이 원리들을 함께 나눌 때마다 여성들은 자신들에게 많은 도움이 되었다고 내게 말해 주었다.

나는 아주 현실적인 기질의 사람이다. 나는 이유와 해답과 실용성을 찾으려고 노력한다. 그래서 나는 이 책으로 인해 아주 고양되어 있다. 우리는 성경이 하나님이 인류에게 주신 교과서라는 것을 너무 자주 잊어버린다.

성경은 우리가 직면하는 모든 문제들을 해결하고 극복하도록 도와주는 진리와 원리들을 담고 있다. 비록 우리가 그 답을 찾아 먼저 성경 이외의 모든 곳에서 찾아보는 경향은 있지만 말이다.

하나님이 우리에게 말씀하시는 하나님과의 관계, 우리들 서로의 관계, 남편과 아내로서의 관계, 그리고 아이들과 부모로서의 관계를 연결짓는 모든 것이 바로 성경 속에 있다.

다행스럽게도 내게는 내가 깊이 감동하고 찬탄하는 여성들이 있었다. 그들은 내가 설거지와 세탁, 그리고 청소와 같은 단조롭고 고된 일상에서 벗어나 훨씬 더 매력적으로 보이는 일로 도망치고 싶은 유혹을 느낄 때, 그 해답을 찾을 수 있도록 나를 성경으로 인도해 주었다.

다음의 글은 내가 내 삶에서 정체성을 어떻게 찾았는지에 대한 이야기다.

나와 남편은 약 150개국의 '그리스도를 위한 대학십자군' 스태프들과 함께 아주 많은 여행을 한다. 그리고 성직활동의 책임들로 인해 매년 보통 모든 대륙들을 방문하여 전 세계 스태프들과 다른 크리스천 지도자들, 그리고 정부 관리들과 공식적으로 면담한다.

세계 여러 곳에서 나는 가난한 사람들과 부유한 사람들, 문맹인과 인텔리들, 그리고 실의에 빠진 사람들과 아주 열의에 차 있는 사람들을 만나 왔다. 나는 많은 다양한 문화와 삶의 위치에 있는 모든 연령층의 사람들을 만나 왔다.

나는 그들의 생활 양식과 사고의 표현 방식, 그리고 인간관계를 관찰해 왔다. 나는 이 모든 것을 통해 전 세계의 사람들은 단지 언어와 문화만 다를 뿐이지, 매우 비슷하다는 것을 알게 되었다.

우리는 여행과 교통수단을 통해 비록 문화는 서로 다르지만, 우리 모두의 내면에는 하나의 맥락을 이루는 공통점이 있다는 것을 알게 되었다. 다시 말해, 우리는 비슷한 성취욕구와 정체성을 추구하는 과정에서 풀 수 없는 의문들을 가지고 있다.

나는 살아오면서 사람들이 믿는 최고의 성취감을 이루는 데 아주 중요한 영향을 미치는 가치관이 크게 변화하는 것을 여러 번 목격해 왔다. 나는 가족이 중요했던 1940년대 후반에 대학생으로, 당시의 사회 풍조에 따라 직업을 가질 준비를 하게 되었다. 경제적으로나 문화와 지식의 즐거움을 누리기 위해서였다.

당시에는 많은 여성들이 집 밖의 전쟁 물자를 공급하는 방위 공장들에서 자유롭게 일했다. 전쟁이 끝나고 여러 해가 지났을 때, 여성들은 업적을 달성함으로써 성취감을 이룰 수 있으며, 명백한 리더십을 발휘하고, 정체성을 가지게 될 직장에서, 자신들의 최고의 가능성을 발견할 수 있을 것이라고 배웠다. 그 결과로 훨씬 더 많은 여성들이 직업을 찾게 되었으나 결국 얻은 것은 좌절과 환멸뿐이었다.

최근에 나는 미국에서 여성들의 풍조가 가족이 가장 중요했던 시대로부터, 60년대와 70년대의 환멸을 거쳐, 그 후 비록 여성들이 직업을 가지긴 했으나 결혼과 가족이 다시 한번 더 큰 가치를 지니게 된 80년대를 지나 일주하여 돌아온 것을 목격했다.

90년대의 어머니는 1989년 12월 4일자 타임지의 이슈에 따르면, 만약 경제적으로 가능하기만 하면 가족을 돌보기 위해 가정으로 돌아가려 하고 있다.

우리는 종종 업적 달성의 바로 그 순간에 어떤 만족도 느끼지 못 할 수 있다. 여러분은 달성의 그 순간에 마치 내부의 무엇인가가 "그래서 뭐? 별거 아니네!"라고 말하는 것처럼 공허하거나 충족되지 않는 느낌을 가졌을 수도 있다. 업적 달성과 명백한 리더십에 대한 보상만으로는 좀처럼 충분하지 않다.

업적 달성을 향한 행로는 종종 권력—여러분이 손에 넣을 수 있는 모든 권력—을 얻기 위한 투쟁이다. 그러나 하나님의 말씀—세속의 심리학자들까지도—에 따르면 받기보다 줄 때 훨씬 더 큰 성취감을 얻게 된다. 그러므로 우리는 종종 달성을 향한 행보를 내딛을 때, 성취감을 얻는 대신 반대 방향으로 인도될 수도 있다.

많은 나라와 문화권들에서 현대 여성들은 동시에 수많은 역할을 하려고 전력을 다하고 있다. 아마도 경제적인 필요성이나 개인적인 성취를 위해 여성들은 자신들의 정체성과 직업을 가져야 할는지 모르고, 완벽한 연인과 반려자, 그리고 훌륭한 어머니가 되어야만 하고, 사회적인 대의명분에 완벽한 침착함과 평정으로 헌신해야만 하고, 또한 그 모든 영역에서 공적을 쌓아가야만 한다.

그 결과로 의사들이 내게 말하는 것처럼 그 어느 때보다도 더 많은 여성들이 심장 발작과 스트레스성 질환으로 괴로워하고 있다.

나는 지속적인 행복은 업적 달성이 아니라 인간관계에서 찾을 수 있다는 것을 배우게 되었다. 만약 여성들이 자신들의 정체성을 두는 역할이나 상황이 변하면 무슨 일이 일어날 것인가? 만약 정체성을 직업에 두었는데, 실패한다면 정체성은 어디에 있는가? 만약 정체성을 결혼에 두었는데, 실패한다면 그때는 어떻게 되는가? 만약 정체성을 아이들에게 둔다면, 아이들이 집을 떠날 때 정체성은 어디에 있게 되는가? 우리는 우리의 정체성을 변하지 않는 것에 두어야만 한다.

위대한 프랑스의 물리학자이자 철학자인 파스칼은 다음과 같이 말한 것으로 유명하다.

"모든 사람의 마음속에는 어떤 피조물도 채울 수 없는, 예수 그리스도를 통하여 알려진, 오직 창조주인 하나님만이 채울 수 있는 하나님 형상의 진공 상태가 있다."

사람들은 상황이나 역할에서 정체성을 찾을 수 있다고 생각하나 이러한 것들은 변한다. 나는 가치있고 고무적인 생활 양식은 예수 그리스도에 대한 개인적인 믿음과 신뢰 속에서, 그리고 예수 그리스도께서 우리가 행하기를 원하시는 일에 순종함으로써 찾아지는 것이라고 믿는다. 우리는 우리의 정체성을 변하지 않을 하나의 대상에 두어야만 한다. 나는 예수 그리스도 안에 내 정체성을 둠으로써 삶을 유지해올 수 있었다.

비록 내가 교회 속에서 성장하였고, 내 종교적 배경에 감사하지만 하나님은 내 삶에서 실재하지 않으셨다. 삶은 일상의 과정이었고, 행복은 상황에 따라 좌우되었다. 내 혼란의 와중으로 잘생기고 도덕적이며 성공한 빌 브라이트가 걸어 들어왔다. 우리는 열정적인 사랑에 빠졌으나 결혼하기 위해 3년을 기다려야만 했다.

그 기다림 속에서 빌은 자신의 믿음을 키워가고 있었으나, 나는 내 자신의 믿음에서 점점 더 멀어지고 있었다. 나는 그가 종교적인 광신자가 되었다고 생각했고, 그는 내가 진정한 크리스천이 아니라는 것을 간파했다.

우리는 모든 중요한 쟁점들에 대해서 합의해야만 한다고 생각하는 이상주의자들이었기 때문에 다가오는 결혼에 의문을 가지게 되었다.

많은 우여곡절들이 있었으나, 간단히 말해서 나는 할리우드 장로교회의 빌의 친구들에게 아주 깊은 영향을 받게 되었다. 빌은 헨리에타 미어즈 박사를 내게 소개해 주었는데, 그는 개인적으로 하나님을 안다는 사실과 실험실에서의 화학실험을 서로 비유한 크리스천 교육 지도자였다. 나는 대학에서 화학을 부전공했기 때문에 예수 그리스도란 인물을 내가 이미 알고 있던 믿음의 구성요소에 추가하는 것을 이해할 수 있었다.

나는 예수 그리스도를 개인적인 구세주로서 영접했다. 그 결과로 하나님께서는 내 삶에서 정체성과 나아갈 길을 인도해 주시는 절대적인 존재가 되었다.

결혼 초기에 빌과 나는 함께 완전히 하나님께 헌신했다. 하나님께서는 우리가 삶에서 무언가를 달성할 수 있도록 은총을 베풀어 주셨다.

내 교사 경력은 성공적이었으며 교장 선생님의 프로젝트를 위해 내가 쓴 교과 과정이 로스앤젤레스 공립 학교들에서 교재로 선택되었고, 신디케이트를 통해 미국 전역에 배급되었다. 하나님께서는 빌이 그리스도를 위한 전도와 미국의 건국 이념 회복에 도움이 될 크리스천 운동을 기획하도록 하셨다.

나는 우리 부부의 삶을, 함께 하시려는 하나님의 뜻에 따라 빌과 함께 일하기로 결정했다.

나는 교사로서의 경험을 살려, 스태프 훈련을 위한 편람 제작을 도왔다. 우리 부부는 우리의 아들인 잭과 브레드에게 책임감이 있으며, 신뢰할 수 있고 독실한 크리스천이 되도록 함께 영향을 끼쳐 왔다. 현재 그들은 둘 다 크리스천 성직활동을 하고 있다. 두 아들과 수천 명의 대학십자군 정식 스태프들과 준 스태프들의 도움으로 우리는 삶을 변화시키는 그리스도의 사랑과 용서의 메시지로, 전 세계에 걸쳐 수천만 명의 사람들에게 영향을 주고 있다.

나는 적응과 힘든 일, 그리고 큰 걱정과 많은 기쁨의 순간들을 경험하면서 함께 나눌 수 있는 교훈을 얻게 되었고, 현재 다른 사람들의 삶에 봉사할 수 있게 되었다.

내가 내 삶을 음미하고 정체성을 분석해 볼 때, 하나님께서 내가 찬탄하고 열심히 따라 배우려는 여성들로, 내게 그런 역할을 할 모델들을 보내주셨다는 것을 깨닫게 된다. 그 여성들 중 몇 사람은 성경에 언급되어 있다.

성경 속의 여성들 중에서 내가 가장 좋아하는 사람은 자신의 민족인 유태인들을 구하기 위하여 목숨을 걸었던 페르시아 제국의 왕비인 에스더이다.

다른 또 한 사람의 모델은 구세군 설립자인 윌리엄 부스의 아내인 캐서린 부스이다. 그녀에게는 여덟 명의 자녀가 있었으나 그녀가 뉴욕의 열악하고 가난한 사람들에게 목회하기 위하여 조국인 영국을 떠나 배로 미국으로 건너갔을 때, 그 자녀들을 다른 사람들에게 맡겼다. 말할 것도 없이 어떤 사람들은 다음과 같이 말했다.

"캐서린, 당신이 집을 멀리 떠나 봉사하는 동안 아이들이 잘못될 거예요."

그러나 그녀는 독실한 믿음을 갖고 있고, 하나님께서 그녀가 하도록 부르신 일에 순종했다. 그리고 여덟 명의 자녀 모두가 다방면에서 크리스천 성직활동을 하게 되었다.

현대의 그런 역할을 한 모델로서는 독신으로 크리스천 교육에 자신의 삶을 헌신했던 헨리에타 미어즈가 있다.

그녀는 평생을 통해 빌과 나 그리고 많은 서로 다른 종파의 목회자들로서 성직활동을 시작한, 4백 명 이상의 젊은이들은 물론 수많은 사람들에게 영향을 주었다.

나는 이제 여러분에게 내 어머니 이외에, 내게 모델이 된 두 사람의 '평범한 여성들'에 대해 이야기하고 싶다.

루이스 H 에반스 1세 부인은 미국이 가장 뛰어난 장로교 목사들 중 한 사람의 아내이며 네 자녀의 어머니였다. 그녀는 세계적으로 명성을 떨치고 있던 가족을 위하여, 아내와 어머니로서 완전히 헌신했다.

나머지 한 여성은 아름답고 재능 있는 학교 교사로 목장주와 결혼했다. 16살 때 그녀는 남은 삶을 하나님께 가장 영광 돌리는 일만을 할 것을 그리스도께 간절히 기도하며, 자신의 삶을 완전히 헌신했다.

오클라호마주 시골에서의 5천 에이커나 되는 목장 생활은 그녀에게 고달픈 생활이었다. 그녀는 여덟 명의 자녀를 낳았고, 그 중의 한 명은 출생 직후 사망했다. 그녀의 집은 그 지역사회에서 시골 사교생활의 중심이었으며, 그녀는 식사 때면 가족 외에도 몇 사람 분을 더 준비해야 할지 전혀 알 수 없었다.

자녀들은 그녀가 매일 아침저녁으로 성경을 읽고, 일하면서 찬송가를 불렀던 것을 기억한다. 그 지역사회에서 모든 사람들이 가장 그리스도적인 인물로 기억하는 그녀는 35년 동안은 크리스천이 아닌 남편과 생활했고, 그 후 크리스천이 된 남편과 다시 35년간을 살았다.

그녀는 일곱 번째 아기를 임신했을 때 아홉 달 대부분을 심하게 아팠다. 의사는 그녀가 살아서 아기를 출산할 희망이 거의 없다고 말했다. 그녀는 만약 살아서 아기를 낳도록 해주신다면, 태어날 아기를 하나님과 성직에 바치겠다고 서원하면서 하나님께 열심히 기도했다.

그녀는 진정한 잠언 31장의 여성이었다. 그녀가 93살로 세상을 떠날 때, 자녀와 손자, 증손자와 고손자들을 포함하여 109명의 식구가 사랑과 감사를 드리며 그녀의 임종을 지켜보았다. 그들 모두가 그녀가 '은총을 입었다'고 생각했다.

그녀는 지금도 계속 지대한 영향을 끼치고 있고, 아마도 여러분의 삶들까지에도 영향을 주고 있을는지 모른다. 왜냐하면 그녀가 바로 나의 시어머니이신 메리 리 브라이트이기 때문이다.

내가 언급한 이 모든 여성들은 하나의 공통점을 갖고 있다—그들 모두가 그리스도 안에 자신들의 정체성을 두고 있었다. 나는 내 삶의 본보기가 되는 이 여성들에 고무되어 그리스도를 따르기로 결심했다.

나는 그리스도를 따르는 것과 일상생활이 별개의 것이라고 생각하지 않았고, 가정에서 몸소 실천하지 않는 것을 다른 사람들에게 말할 수는 없다고 생각했기 때문에 성경을 일상생활에 적용하게 되었다.

우리는 각자 독특한 기술과 재능과 능력을 가진 특별한 사람들이다. 우리는 각자 영향을 미치는 유일무이한 영역을 가지고 있다.

우리가 누구든, 그리고 어디를 가든, 우리는 누군가에게 모델이 되고있다. 문제는 어떤 종류의 모델이 되느냐는 것이다.

내가 배웠던 가장 위대한 교훈은 의미와 성취감과 최대한도의 잠재력과 정체성은 업적의 달성이나 공로의 인정이나 지위에서 유래하는 것이 아니라, 한 인물 —모든 시대에 통틀어 가장 뛰어났던, 그의 삶이 글자 그대로 역사의 흐름을 바꾸었던—우리의 주 예수 그리스도에 의해 유래한다는 것이다. 나는 여러분도 나처럼 이 영원한 정체성을 알게 되기를 희망한다.

예수 그리스도와 함께 인생을 향유하기 위한 제안 4가지

이제 여러분은 의미 있는 삶을 영위하면서 자신들의 영향권 내에서 개인적인 기여를 하고 있는 24명의 여성들이 말하는 교훈들을 함께 나누었다.

어떤 사람은 이 중에서 특별히 많은 영향을 끼치고 있으나 중요한 것은 그것이 아니다. 중요한 것은 그들이 세상을 더 살기 좋게 하기 위하여 자신들이 가진 기회를 이용하고 있다는 것이다.

그들 각자의 경험에서는 하나의 공통점이 있다. 그것은 그들 모두가 마음의 평화와 삶의 방향을 찾게 되어 다른 사람들의 삶에 영향을 줄 수 있게 되었다는 것이다.

이 책의 내용을 충분히 음미해 보면서 나에게 '빠진 것이 무엇인지' 자문해 보았다. 나는 오클라호마 시티의 한 여성 오찬회에서 강연을 끝냈을 때 내게 다가왔던 한 여성이 생각났다. 그녀는 다음과 같이 말했다.

"감사해요. 이제야 친구가 매달 이 오찬회에 저를 데리고 왔던 이유를 알겠어요. 만약 오늘도 특별한 일이 일어나지 않는다면 다시는 참석하지 않으려고 했어요. 나는 그 동안 강연을 통해 그들의 삶에 어떤 감동적인 변화가 생겼는지 들어왔어요. 그러나 아무도 내가 어떻게 내 삶에서 하나님의 임재하심을 경험할 수 있는지는 가르쳐주지 못했어요. 오늘 당신은 제게 그 해답을 주셨어요. 그리고 이제 저는 그 해답대로 막 모험을 시작했다고 믿어요."

이러한 영적 체험의 말은 내가 전 세계에서 일반적으로 수없이 반복해서 들어온 말이었다. 그것은 내 자신도 경험한 사실이었다.

나는 평생 동안 교회에 다녔다. 나는 교회가 나의 배경인 것에 너무도 감사한다. 그 덕분에 주위의 친구들이 도덕적으로 해이해질 때 나는 동요하지 않고 내 자신을 지켜나갈 수 있었다.

나는 최선을 다해(내 자신의 힘으로 할 수 있는 한) 성경의 가르침에 따라 살려고 노력했다. 나는 목사님과 교회학교 선생님, 그리고 자신들의 삶을 내 삶에 할애해 주었던 독실한 사람들에게 모두 감사한다. 그러나 하나님께서 내 삶 속에 들어오시지는 않으셨다. 나는 이에 대해 그 당시 미국 장로교회 총회장이셨던, 작고하신 루이스 에빈스 박사와 이야기를 나누었다.

그는 그리스도를 영접하는 시기가—아이로서든 젊은이로서든 나이든 성인으로서든—중요한 것이 아니라, 그리스도를 영접했다는 사실과 하나님과 올바를 관계를 유지하고 있다는 것을 확신하는 것이 중요하다고 설명했다. 그러면서 그는 계속 설명해 나갔는

데, 예수 그리스도께서 우리의 삶을 지배하신다는 확신을 가질 때, 비로소 개인적인 믿음이 더 깊어진다는 것이었다.

그러나 하나님과 올바른 관계를 유지하는지를 어떻게 확신할 수 있을까? 내가 여러분과 공유할 수 있는 최선은 내가 확신하고 있는 것과 오클로호마 시티의 그 여성에게 말해준 것이다.

나는 아주 오랫동안 우리가 개인적으로 하나님을 알 수 있는 방법에 대하여 확실하게 이해하기를 원해왔기 때문에 그것을 명시하려는 시도 없이는 결코 어떤 말도 하지 않으려고 결심했다.

나는 이 책도 마찬가지라고 믿는다. 이 책의 모든 여성들이 가능하다면, 여러분과 개인적인 대화로써 예수 그리스도에 대한 그들 각자의 개인적인 믿음의 정도에 따라, 어떻게 진정한 평화와 성취감을 발견할 수 있었는지를 함께 나누고 싶어할 것이다.

여러분은 길을 찾고 있는가? 개인적으로 하나님을 알고 싶은가? 만약 여러분이 여전히 그 길을 찾고 있는 중이라면, 그 방법을 알려주고 싶다.

여러분이 적용하기만 하면 여러분의 삶에서 하나님께서 임재하심을 알게 될 4가지 중요한 원리가 있다.

1. 하나님은 여러분을 사랑하시고, 여러분이 하나님을 개인적으로 알도록 창조하셨다.

성경은 하나님의 사랑에 대한 확신으로 가득 차 있지만, 아마도 가장 인상적인 구절은 요한복음 3장 16절일 것이다.

"하나님이 세상을 이처럼 사랑하사 독생자를 주셨으니 이는 저를 믿는 자 마다 멸망치 않고 영생을 얻게 하려 하심이라."

하나님은 독생자를 주실 정도로 우리 모두를 사랑하실 뿐 아니라, 우리가 하나님을 개인적으로 알게 되기를 원하신다.

"영생은 곧 유일하신 참 하나님과 그의 보내신 자 예수 그리스도를 아는 것이다(요한복음 17장 3절)."

그렇다면 왜 우리는 하나님을 개인적으로 알 수 없는가?

2. 우리가 죄가 많고 하나님과 멀어져 있기 때문에, 개인적으로 하나님을 알 수 없거나 하나님의 사랑을 경험할 수 없다.

우리 모두 하나님과 친밀한 교제를 할 수 있도록 창조되었으나 우리의 완고한 자유의지 때문에 독자적인 길을 선택했고 하나님과의 교제가 깨어지게 되었다.

이러한 자유의지는 특징적으로, 또 적극적으로 반항하거나 소극적으로 무관심한 태도를 나타낸다. 그리고 우리는 이러한 자유의지로 인해 성경에서 말하는 죄를 범해 왔다.

"모든 사람이 죄를 범하였으매 하나님의 영광에 이르지 못하더니(로마서 3장 23절)."

성경은 또한 "죄의 삯은 사망(로마서 6장 23절)."이거나 하나님과 정신적으로 멀어진다고 말하고 있다. 우리가 죄를 범하게 될 때, 하나님은 죄를 묵인하실 수 없기 때문에 하나님과 우리 사이에 거대한 심연이 가로놓이게 된다.

사람들은 종종 선행을 하거나 종교적이거나 뉴 에이지(New Age)를 실행하는 데 몰두하여, 그 심연을 메우려고 노력한다. 그러나 성경은 그 심연을 메우는 길은 오직 한 길뿐이라고 명백히 가르치고 있다.

3. 예수 그리스도는 우리의 죄에 대한 하나님의 유일한 예비이시다. 그리스도를 통해서만 우리는 하나님을 개인적으로 알 수 있고, 그 사랑을 경험할 수 있다.

하나님의 말씀에는 이 원리가 진실임을 확증하는 3가지 중요한 사실들이 기록되어 있다.

① 예수 그리스도께서는 우리 대신 돌아가셨다.

② 예수 그리스도께서는 부활하셨다.

③ 예수 그리스도께서는 하나님을 향한 유일한 길이다.

"우리가 아직 죄인되었을 때에 그리스도께서 우리를 위하여 죽으심으로 하나님께서 우리에게 대한 자기의 사랑을 확증하셨느니라(로마서 5장 8절)."

"그리스도께서 우리 죄를 위하여 죽으시고 장사 지낸 바 되었다가 성경대로 사흘만에 다시 살아나사 게바에게 보이시고 후에 열두 제자에게와 그 후에 오백여 형제에게 일시에 보이셨나니(고린도전서 15장 3절~6절)."

"예수께서 가라사대 '내가 곧 길이요, 진리요, 생명이니, 나로 말미암지 않고는 아버지께로 올 자가 없느니라'(요한복음 14장 6절)."

그러므로 하나님께서는 깊은 사랑으로 우리를 하나님으로부터 격리시키는 그 심연을 메우시기 위하여 독생자인 예수 그리스도를 우리에게 보내셨고, 우리 죄에 대한 형벌로 우리 대신 십자가에서 돌아가시게 하심으로 먼저 손을 내미셨다. 그러나 이러한 진리들을 아는 것만으로는 충분하지 않다.

4. 우리는 그리스도를 구세주와 지배자로서 개인적으로 영접해야만 한다. 그럴 때 우리는 하나님을 개인적으로 알 수 있고, 하나님의 사랑을 경험할 수 있다.

요한복음 1장 12절에는 다음과 같이 기록되어 있다.

"영접하는 자 곧 그 이름을 믿는 자들에게는 하나님의 자녀가 되는 권세를 주셨으니."

'그리스도를 영접한다'가 의미하는 것이 무엇일까? 성경은 선행이나 종교적인 활동을 통해서가 아니라 오직 믿음을 통하여 그리스도를 영접한다고 우리에게 말하고 있다.

"너희가 그 은혜를 인하여 믿음으로 말미암아 구원을 얻었나니, 이것이 너희에게서 난 것이 아니요, 하나님의 선물이라. 행위에서 난 것이 아니니 이는 누구든지 자랑치 못하게 함이니라(에베소서 2장 8~9)."

또한 우리가 그리스도를 영접하는 것은 개인적으로 그를 우리 삶 속으로 받아들이는 것을 의미한다.

그리스도가 말씀하고 계신다.

"볼지어다, 내가 문 밖에 서서 두드리노니 누구든지 내 음성을 듣고 문을 열면 내가 그에게로 들어가 그로 더불어 먹고 그는 나로 더불어 먹으리라(요한계시록 3장 20절)."

그러므로 그리스도를 영접하는 것은 자아로부터 하나님께 주의를 돌리는 것을 의미하며 그리스도께서 우리 죄를 용서하시고, 우리를 당신이 원하는 사람들로 만드시기 위하여 우리 삶 속으로 들어오심을 믿는 것을 의미한다.

만약 여러분이 이제껏 예수 그리스도에게 여러분의 삶을 헌신해 왔는지 확신할 수 없다면, 나는 여러분에게 헌신하라고—그것도 오늘, 바로 지금부터!—권하고 싶다.

여기 제안하고 싶은 기도 문구가 있다. 이 기도 문구를 통해 전 세계 수백만의 남녀들이 그리스도에 대한 자신들의 믿음을 나타내고, 그리스도를 자신들의 삶 속으로 영접해 왔다.

"주 예수여, 저는 주님을 개인적으로 알고 싶사옵니다. 제 죄를 사하시기 위해 십자가에서 돌아가신 데 대해 감사드립니다. 저는 제 삶의 문을 열고 저의 구세주와 지배자로서 주님을 영접합니다. 제 죄를 용서해 주시고 영생을 주셔서 감사드립니다. 제 삶의 모든 것을 지배해 주옵소서 저를 주님께서 원하는 사람으로 만들어 주옵소서!"

만약 이 기도가 여러분의 간절한 소원을 나타내고 있다면, 왜 지금 그대로 기도하지 않는가? 만약 여러분이 진심으로 갈구한다면, 예수 그리스도께서는 요한계시록의 3장 20절에서 약속하신 대로, 여러분의 삶 속으로 들어오실 것이다.

예수 그리스도는 반드시 약속을 지키신다! 그리고 나는 여러분이 마음속에 영원히 각인시켜 놓기를 제안하고 싶은 또 하나의 다른 중요한 약속이 있다.

"또 증거는 이것이니 하나님이 우리에게 영생을 주신 것과 이 생명이 그의 아들 안에 있는 그것이니라. 아들이 있는 자에게는 생명이 있고 하나님의 아들이 없는 자에게는 생명이 없느니라. 내가 하나님의 아들의 이름을 믿는 너희에게 이것을 쓴 것은 너희로 하여금 너희에게 영생이 있음을 알게 하려 함이라(요한일서 5장 11절~13절)."

그렇다. 개인적으로 그리스도를 구세주와 지배자로 영접한 사람들은 천국에서 그리스도와 함께 영생하리라고 확신한다. 그리고 여러분의 의지로써 믿음으로 그리스도를 영접했을 때, 다음의 것들을 포함하여 멋지고 놀라운 일들이 일어난다는 사실을 기억해야 한다.

1. 그리스도가 여러분의 삶 속으로 들어오셨다(요한계시록 3장 20절, 골로새서 1장 27절).

2. 여러분의 죄는 사해졌다(골로새서 1장 14절).

3. 여러분은 하나님의 자녀가 되었다(요한복음 1장 12절).

4. 여러분은 영생을 얻었다(요한복음 5장 24절).

5. 여러분은 하나님이 여러분을 창조하신 이유인 그 위대한 모험을 시작했다(요한복음 10장 10절, 데살로니가전서 5장 18절).

옮긴이의 말

저물어가는 또 다른 한 해를 바라보며 내 삶에 쌓여지는 시간의 소리를 듣는다. 어떻게 살아야만 후회없이 삶의 시간들을 정리할 수 있을까? 언제나 내게는 풀 수 없는 숙제이다.

솔직히 처음 이 책의 번역을 맡았을 때는 크리스천 신앙을 가진 사람들만이 보고 공감할 글들일 거라고 생각했다. 그러나 번역을 해가면서 주위에서 흔히 듣는, 인간은 시간과 공간을 떠나 비슷한 존재들이라는 말이 진실로 가슴에 와닿았고, 어떤 종교를 가졌느냐에 상관 없이 고통받는 사람들에게 소중한 위안과 도움이 될 수 있겠다는 생각이 들었다.

필자들이 삶의 어려움 속에서 실제로 경험하여 터득한 살아있는 교훈들이기 때문에 어떤 글보다도 더욱 감동을 주었다. 그들은 하나님과 삶에 대한 믿음과 성실을 원동력으로 자신들의 고통스러운 삶을 긍정적으로 바라보며 시련들을 극복해 냈다.

우리는 인간은 자신들의 선택에 따라 영원한 생명과 무한한 능력을 가질 수 있다고 듣고 있다.

필자들이 삶의 암울한 시련 속에서 하나님을 진심으로 믿고 순종하여 자신들의 삶을 평화와 충만한 빛으로 승화시키는 것을 보며 나는 실로 신앙과 삶의 아름다움을 느꼈다.

미흡한 번역이나마 안팎으로 어렵고 고달픈 이때에 고통받고 있는 많은 사람들에게 조금이라도 용기와 마음의 평화를 줄 수 있다면 부끄럽지만 보람을 느낄 수 있겠다.

주선영

옮긴이 주선영

경남 마산에서 태어나 한국외국어대학교 노어과를 졸업했다.
역서에 〈사랑의 전설〉, 〈둥지 속의 눈물〉, 〈인생의 11가지 회망〉 등 다수의 번역물이 있으며 전문 번역인으로 활동하고 있다.

나는 마침내 진리의 금광을 발견했다

1판 인쇄 • 2001년 1월 10일
1판 발행 • 2001년 1월 15일

지은이 • 바버라 부시 외 23인
옮긴이 • 주선영
펴낸이 • 이종천
펴낸곳 • 오늘
등록일 • 1980년 5월 8일, 제10-104호
주소 • 서울시 마포구 용강동 45-8
전화번호 • 719-2811(대)
팩스 • 712-7392

http://www.oneul.co.kr
http://www.o-neul.com
Email: oneul@chollian.net

※ 값은 표지 뒷면에 표기되어 있습니다.
※ 잘못된 책은 구입하신 서점에서 바꿔 드립니다.
ISBN 89-355-0379-7 03230